中国水泥行业碳减排关键技术路径指南丛书

水泥产业政策指南

顾　问　高登榜

主　编　李　琛

中国建材工业出版社

图书在版编目（CIP）数据

水泥产业政策指南 / 李琛主编. -- 北京：中国建材工业出版社，2022.5（2022.8 重印）

ISBN 978-7-5160-3430-9

Ⅰ. ①水… Ⅱ. ①李… Ⅲ. ①水泥工业—产业政策—中国—指南 Ⅳ. ①F426.71-62

中国版本图书馆 CIP 数据核字(2021)第 264325 号

水泥产业政策指南
Shuini Chanye Zhengce Zhinan
顾　问　高登榜
主　编　李　琛

出版发行：中国建材工业出版社
地　　址：北京市海淀区三里河路 11 号
邮　　编：100831
经　　销：全国各地新华书店
印　　刷：北京雁林吉兆印刷有限公司
开　　本：787mm×1092mm　1/16
印　　张：17
字　　数：190 千字
版　　次：2022 年 5 月第 1 版
印　　次：2022 年 8 月第 2 次
定　　价：198.00 元

本社网址：www. jccbs. com，微信公众号：zgjcgycbs

编写委员会

序　言

水泥是人类进步过程中一项伟大的发明，水泥产业是一项伟大的事业。水泥工业自诞生之日起，就构建起人类文明和工业文明的基石，极大地加速了城市化、工业化、现代化进程，为社会发展做出了不可磨灭的贡献。

曾几何时，只要提到水泥工业和水泥产品，不少人还停留在“低端制造”的印象，但是就在这短短的五到十年间，在国家、行业、企业和协会的共同努力下，我国水泥工业经历了高质量转型升级，发生了翻天覆地的变化——一座座智能化工厂掩映在绿水青山之间，一辆辆大型无人驾驶矿车疾驰在开阔平整的开采平台之上，往日人头攒动的生产线现今只有自动化、智能化设备在运转……可以自豪地说，我国水泥工业呈现出前所未有的良好发展局面，积累了坚实雄厚、焕然一新的物质基础。

正所谓物质决定意识，有了更深厚的物质基础，我们就可以追求水泥更深层次的发展，我们完全可以去探索水泥工业未来发展的无限可能，倾注当今水泥人的真诚和热情，在这传承百年而又生生不息的水泥工业上，实现我们更多的希冀和梦想。党中央发出了“发展现代产业体系”“加快科技自立自强”“促进人与自然和谐共生”的时代强音，作出了“加快形成以国内大循环为主体、国内国际双循环相互促进的新发展格局”

的战略部署，稳步推进碳达峰碳中和工作，下定决心深入打好污染防治攻坚战。

“十三五”期间，得益于供给侧结构性改革，影响水泥行业整体提质增效的最根本问题——“供需矛盾”得到了一定程度的缓解。“十四五”开局，经济形势与政策导向都出现了较大的变化，环境和能源约束加强，气候变化、疫情、汛情等因素叠加，原燃材料涨价造成水泥企业成本大幅上涨，导致水泥市场异常波动。我们要及时学习导向性政策，应对挑战，实现行业稳健增长。全国性的专业协会牵头来编辑出版这样一本概括提炼行业政策全貌的书籍，指导行业发展，是十分必要的。

《水泥产业政策指南》一书，可以与时俱进，三到五年更新一次。从政府层面看，有关部门应当继续发挥好宏观调控引导作用，进一步提高水泥制造标准规范，倒逼淘汰落后产能，严格监管执行产能置换，鼓励兼并重组，提高市场集中度，倡导大型化、规模化，尽快实现国内产能优胜劣汰。从行业层面看，协会应当秉承“公平、公正、公开”的原则搭建平台，加强行业之间的协调，促进上下游相关行业的沟通，维护好行业的整体生态环境，不断改善供求关系。行业协会应当在政策资源中争取更有利的地位，使传统行业在社情舆论中得到充分的理解和包容，努力成为人民群众中“最可靠的行业”。从企业层面看，大企业应力争做有担当的企业，率先垂范，诚实守信，充分发挥引领带头作用，从国家政策、行业发展和企业战略的高度，共同遵守行业自律规则，共享共建市场，实行错峰生产，优化产能质量，共同抵制恶性竞争。水泥行业要适应更高水平开放型经济新体制，建立对话机制，增强优势互补，加快市场整合，可以尝试大企业之间交叉持股和产能置换、委托管理等创新市场整合模式，改善市场竞合环境，以最优的资源配置满足市场需求；同时让更多的先进产能走出国门，积极参与“一带一路”建设，让中国的发展成果惠及更多的国家和人民，共同构建人类命运共同体。

在当今鼓励传统产业转型升级的时代浪潮中，水泥工业无疑正处于奋勇争先、昂首挺立的潮头，我们应该讲好“现代水泥故事”，为传统产业转型升级树立标杆。行业应当丰富承载文化产业的物质基础，继续反哺更多的实体经济，在产业升级、产业链拓展、建材服务业建设、多元产业发展等方面寻求更大突破，用自身的发展壮大带动更多产业的协同进步，让行业的梦想成为“强国梦”的重要组成部分。

中国水泥协会会长 

2022 年 2 月

前　言

我国是名副其实的水泥大国，30 多年来水泥产销量一直稳居世界第一。水泥产业为我国基础设施建设、都市圈繁荣和乡村振兴输送了“工业食粮”。近 10 年来，水泥行业一直是国家宏观调控的产能严重过剩的行业之一，长期存在总体产能供过于求、部分区域产业集中度偏低、产能布局不合理等结构性矛盾。水泥被划分为高耗能、高排放行业，是节能降碳、实现碳达峰碳中和的重点行业。当前，水泥行业的主要矛盾是提升先进产能比例的迫切需要和总体产能依然严重过剩之间的矛盾，首要任务是深化供给侧结构性改革，扎实做好减污降碳、科技创新、化解过剩产能工作，统筹谋划绿色低碳高质量发展。

“双碳”目标不断推进、能耗双控不断加强、不可再生资源日趋紧张，对水泥行业稳健发展提出了更高层次、更高水平的要求。目前，水泥产能严重过剩矛盾没有得到根本解决，行业结构调整任务依然艰巨，创新能力有待提升，解决这些问题离不开产业政策的正确引导和坚定执行。“十四五”期间，党中央、国务院出台了较多涉及水泥产业发展的引导性政策。及时总结梳理和正确解读重大产业政策，有利于更好地落实党中央、国务院的决策部署，更好地推进水泥行业治理体系和治理能力现代化。

中国水泥协会决定编辑出版《水泥产业政策指南》，协会政策研究中心承担此项任务。本书编写的目的：一是服务企业，便于企业决策层在谋划发展和项目投资过程中更好地运用产业政策；二是服务政府，为相关部门提供政策依据，更好地根据市场规律精准施策，推进行业供给侧结构性改革；三是服务行业和社会，便于协会组织和机构掌握产业政策，更好地发挥职能作用。

对于从事水泥行业管理、企业经营、科研设计、运行分析、国际交流等工作的人士来说，这是一本实用的政策类工具书和重要读本。本书从碳达峰碳中和工作、产业结构调整与产能置换、能源结构调整、污染防治、资源综合利用、市场秩序与公平竞争、产能布局等方面系统梳理了涉及水泥产业的重要政策，有的还配套了相应解读。

本书的编辑、出版和发行工作，得到了海螺水泥、天山股份、金隅冀东水泥、华润水泥、红狮集团、天瑞水泥、上峰水泥等集团的大力支持。这七家集团水泥熟料产能总量占全国的三成以上，产能规模在国际排名也处于前列。大型水泥集团已经充分意识到产业政策能够重构水泥产业体系，市场主体可以借助产业政策涅槃腾飞。在此，对所有支持本书出版的人士表示衷心感谢！

全行业共同努力，以优异成绩献礼党的二十大！

李 琛

2022 年 2 月

目 录

1　碳达峰碳中和工作

1.1

中共中央　国务院关于完整准确全面贯彻新发展理念做好碳达峰碳中和工作的意见

（2021 年 9 月 22 日）

实现碳达峰、碳中和，是以习近平同志为核心的党中央统筹国内国际两个大局作出的重大战略决策，是着力解决资源环境约束突出问题、实现中华民族永续发展的必然选择，是构建人类命运共同体的庄严承诺。为完整、准确、全面贯彻新发展理念，做好碳达峰、碳中和工作，现提出如下意见。

一、总体要求

（一）指导思想。以习近平新时代中国特色社会主义思想为指导，全面贯彻党的十九大和十九届二中、三中、四中、五中全会精神，深入贯彻习近平生态文明思想，立足新发展阶段，贯彻新发展理念，构建新发展格局，坚持系统观念，处理好发展和减排、整体和局部、短期和中长期的关系，把碳达峰、碳中和纳入经济社会发展全局，以经济社会发展全面绿色转型为引领，以能源绿色低碳发展为关键，加快形成节约资源和保护环境的产业结构、生产方式、生活方式、空间格局，坚定不移走生态优先、绿色低碳的高质量发展道路，确保如期实现碳达峰、碳中和。

（二）工作原则

实现碳达峰、碳中和目标，要坚持“全国统筹、节约优先、双轮驱动、内外畅通、防范风险”原则。

——全国统筹。全国一盘棋，强化顶层设计，发挥制度优势，实行党政同责，压实各方责任。根据各地实际分类施策，鼓励主动作为、率先达峰。

——节约优先。把节约能源资源放在首位，实行全面节约战略，持续降低单位产出能源资源消耗和碳排放，提高投入产出效率，倡导简约适度、绿色低碳生活方式，从源头和入口形成有效的碳排放控制阀门。

——双轮驱动。政府和市场两手发力，构建新型举国体制，强化科技和制度创新，加快绿色低碳科技革命。深化能源和相关领域改革，发挥市场机制作用，形成有效激励约束机制。

——内外畅通。立足国情实际，统筹国内国际能源资源，推广先进绿色低碳技术和经验。统筹做好应对气候变化对外斗争与合作，不断增强国际影响力和话语权，坚决维护我国发展权益。

——防范风险。处理好减污降碳和能源安全、产业链供应链安全、粮食安全、群众正常生活的关系，有效应对绿色低碳转型可能伴随的经济、金融、社会风险，防止过度反应，确保安全降碳。

二、主要目标

到2025年，绿色低碳循环发展的经济体系初步形成，重点行业能源利用效率大幅提升。单位国内生产总值能耗比2020年下降13.5%；单位国内生产总值二氧化碳排放比2020

年下降18%；非化石能源消费比重达到20%左右；森林覆盖率达到24.1%，森林蓄积量达到180亿立方米，为实现碳达峰、碳中和奠定坚实基础。

到2030年，经济社会发展全面绿色转型取得显著成效，重点耗能行业能源利用效率达到国际先进水平。单位国内生产总值能耗大幅下降；单位国内生产总值二氧化碳排放比2005年下降65%以上；非化石能源消费比重达到25%左右，风电、太阳能发电总装机容量达到12亿千瓦以上；森林覆盖率达到25%左右，森林蓄积量达到190亿立方米，二氧化碳排放量达到峰值并实现稳中有降。

到2060年，绿色低碳循环发展的经济体系和清洁低碳安全高效的能源体系全面建立，能源利用效率达到国际先进水平，非化石能源消费比重达到80%以上，碳中和目标顺利实现，生态文明建设取得丰硕成果，开创人与自然和谐共生新境界。

三、推进经济社会发展全面绿色转型

（三）强化绿色低碳发展规划引领。将碳达峰、碳中和目标要求全面融入经济社会发展中长期规划，强化国家发展规划、国土空间规划、专项规划、区域规划和地方各级规划的支撑保障。加强各级各类规划间衔接协调，确保各地区各领域落实碳达峰、碳中和的主要目标、发展方向、重大政策、重大工程等协调一致。

（四）优化绿色低碳发展区域布局。持续优化重大基础设施、重大生产力和公共资源布局，构建有利于碳达峰、碳中和的国土空间开发保护新格局。在京津冀协同发展、长江经济带发展、粤港澳大湾区建设、长三角一体化发展、黄河流域生态保护和高质量发展等区域重大战略实施中，强化绿色低碳发展导向和任务要求。

（五）加快形成绿色生产生活方式。大力推动节能减排，全面推进清洁生产，加快发展循环经济，加强资源综合利用，不断提升绿色低碳发展水平。扩大绿色低碳产品供给和消费，倡导绿色低碳生活方式。把绿色低碳发展纳入国民教育体系。开展绿色低碳社会行动示范创建。凝聚全社会共识，加快形成全民参与的良好格局。

四、深度调整产业结构

（六）推动产业结构优化升级。加快推进农业绿色发展，促进农业固碳增效。制定能源、钢铁、有色金属、石化化工、建材、交通、建筑等行业和领域碳达峰实施方案。以节能降碳为导向，修订产业结构调整指导目录。开展钢铁、煤炭去产能“回头看”，巩固去产能成果。加快推进工业领域低碳工艺革新和数字化转型。开展碳达峰试点园区建设。加快商贸流通、信息服务等绿色转型，提升服务业低碳发展水平。

（七）坚决遏制高耗能高排放项目盲目发展。新建、扩建钢铁、水泥、平板玻璃、电解铝等高耗能高排放项目严格落实产能等量或减量置换，出台煤电、石化、煤化工等产能控制政策。未纳入国家有关领域产业规划的，一律不得新建改扩建炼油和新建乙烯、对二甲苯、煤制烯烃项目。合理控制煤制油气产能规模。提升高耗能高排放项目能耗准入标准。加强产能过剩分析预警和窗口指导。

（八）大力发展绿色低碳产业。加快发展新一代信息技术、生物技术、新能源、新材料、高端装备、新能源汽车、绿色环保以及航空航天、海洋装备等战略性新兴产业。建设绿色制造体系。推动互联网、大数据、人工智能、第五代移动通信（5G）等新兴技术与绿色低碳产业深度融合。

五、加快构建清洁低碳安全高效能源体系

（九）强化能源消费强度和总量双控。坚持节能优先的能源发展战略，严格控制能耗和二氧化碳排放强度，合理控制能源消费总量，统筹建立二氧化碳排放总量控制制度。做好产业布局、结构调整、节能审查与能耗双控的衔接，对能耗强度下降目标完成形势严峻的地区实行项目缓批限批、能耗等量或减量替代。强化节能监察和执法，加强能耗及二氧化碳排放控制目标分析预警，严格责任落实和评价考核。加强甲烷等非二氧化碳温室气体管控。

（十）大幅提升能源利用效率。把节能贯穿于经济社会发展全过程和各领域，持续深化工业、建筑、交通运输、公共机构等重点领域节能，提升数据中心、新型通信等信息化基础设施能效水平。健全能源管理体系，强化重点用能单位节能管理和目标责任。瞄准国际先进水平，加快实施节能降碳改造升级，打造能效“领跑者”。

（十一）严格控制化石能源消费。加快煤炭减量步伐，“十四五”时期严控煤炭消费增长，“十五五”时期逐步减少。石油消费“十五五”时期进入峰值平台期。统筹煤电发展和保供调峰，严控煤电装机规模，加快现役煤电机组节能升级和灵活性改造。逐步减少直至禁止煤炭散烧。加快推进页岩气、煤层气、致密油气等非常规油气资源规模化开发。强化风险管控，确保能源安全稳定供应和平稳过渡。

（十二）积极发展非化石能源。实施可再生能源替代行动，大力发展风能、太阳能、生物质能、海洋能、地热能等，不断

提高非化石能源消费比重。坚持集中式与分布式并举，优先推动风能、太阳能就地就近开发利用。因地制宜开发水能。积极安全有序发展核电。合理利用生物质能。加快推进抽水蓄能和新型储能规模化应用。统筹推进氢能“制储输用”全链条发展。构建以新能源为主体的新型电力系统，提高电网对高比例可再生能源的消纳和调控能力。

（十三）深化能源体制机制改革。全面推进电力市场化改革，加快培育发展配售电环节独立市场主体，完善中长期市场、现货市场和辅助服务市场衔接机制，扩大市场化交易规模。推进电网体制改革，明确以消纳可再生能源为主的增量配电网、微电网和分布式电源的市场主体地位。加快形成以储能和调峰能力为基础支撑的新增电力装机发展机制。完善电力等能源品种价格市场化形成机制。从有利于节能的角度深化电价改革，理顺输配电价结构，全面放开竞争性环节电价。推进煤炭、油气等市场化改革，加快完善能源统一市场。

六、加快推进低碳交通运输体系建设

（十四）优化交通运输结构。加快建设综合立体交通网，大力发展多式联运，提高铁路、水路在综合运输中的承运比重，持续降低运输能耗和二氧化碳排放强度。优化客运组织，引导客运企业规模化、集约化经营。加快发展绿色物流，整合运输资源，提高利用效率。

（十五）推广节能低碳型交通工具。加快发展新能源和清洁能源车船，推广智能交通，推进铁路电气化改造，推动加氢站建设，促进船舶靠港使用岸电常态化。加快构建便利高效、适度超前的充换电网络体系。提高燃油车船能效标准，健全交通运输装备能效标识制度，加快淘汰高耗能高排放老旧车船。

（十六）积极引导低碳出行。加快城市轨道交通、公交专用道、快速公交系统等大容量公共交通基础设施建设，加强自行车专用道和行人步道等城市慢行系统建设。综合运用法律、经济、技术、行政等多种手段，加大城市交通拥堵治理力度。

七、提升城乡建设绿色低碳发展质量

（十七）推进城乡建设和管理模式低碳转型。在城乡规划建设管理各环节全面落实绿色低碳要求。推动城市组团式发展，建设城市生态和通风廊道，提升城市绿化水平。合理规划城镇建筑面积发展目标，严格管控高能耗公共建筑建设。实施工程建设全过程绿色建造，健全建筑拆除管理制度，杜绝大拆大建。加快推进绿色社区建设。结合实施乡村建设行动，推进县城和农村绿色低碳发展。

（十八）大力发展节能低碳建筑。持续提高新建建筑节能标准，加快推进超低能耗、近零能耗、低碳建筑规模化发展。大力推进城镇既有建筑和市政基础设施节能改造，提升建筑节能低碳水平。逐步开展建筑能耗限额管理，推行建筑能效测评标识，开展建筑领域低碳发展绩效评估。全面推广绿色低碳建材，推动建筑材料循环利用。发展绿色农房。

（十九）加快优化建筑用能结构。深化可再生能源建筑应用，加快推动建筑用能电气化和低碳化。开展建筑屋顶光伏行动，大幅提高建筑采暖、生活热水、炊事等电气化普及率。在北方城镇加快推进热电联产集中供暖，加快工业余热供暖规模化发展，积极稳妥推进核电余热供暖，因地制宜推进热泵、燃气、生物质能、地热能等清洁低碳供暖。

八、加强绿色低碳重大科技攻关和推广应用

（二十）强化基础研究和前沿技术布局。制定科技支撑碳达峰、碳中和行动方案，编制碳中和技术发展路线图。采用“揭榜挂帅”机制，开展低碳零碳负碳和储能新材料、新技术、新装备攻关。加强气候变化成因及影响、生态系统碳汇等基础理论和方法研究。推进高效率太阳能电池、可再生能源制氢、可控核聚变、零碳工业流程再造等低碳前沿技术攻关。培育一批节能降碳和新能源技术产品研发国家重点实验室、国家技术创新中心、重大科技创新平台。建设碳达峰、碳中和人才体系，鼓励高等学校增设碳达峰、碳中和相关学科专业。

（二十一）加快先进适用技术研发和推广。深入研究支撑风电、太阳能发电大规模友好并网的智能电网技术。加强电化学、压缩空气等新型储能技术攻关、示范和产业化应用。加强氢能生产、储存、应用关键技术研发、示范和规模化应用。推广园区能源梯级利用等节能低碳技术。推动气凝胶等新型材料研发应用。推进规模化碳捕集利用与封存技术研发、示范和产业化应用。建立完善绿色低碳技术评估、交易体系和科技创新服务平台。

九、持续巩固提升碳汇能力

（二十二）巩固生态系统碳汇能力。强化国土空间规划和用途管控，严守生态保护红线，严控生态空间占用，稳定现有森林、草原、湿地、海洋、土壤、冻土、岩溶等固碳作用。严格控制新增建设用地规模，推动城乡存量建设用地盘活利用。严格执行土地使用标准，加强节约集约用地评价，推广节地技术和节地模式。

（二十三）提升生态系统碳汇增量。实施生态保护修复重大工程，开展山水林田湖草沙一体化保护和修复。深入推进大规模国土绿化行动，巩固退耕还林还草成果，实施森林质量精准提升工程，持续增加森林面积和蓄积量。加强草原生态保护修复。强化湿地保护。整体推进海洋生态系统保护和修复，提升红树林、海草床、盐沼等固碳能力。开展耕地质量提升行动，实施国家黑土地保护工程，提升生态农业碳汇。积极推动岩溶碳汇开发利用。

十、提高对外开放绿色低碳发展水平

（二十四）加快建立绿色贸易体系。持续优化贸易结构，大力发展高质量、高技术、高附加值绿色产品贸易。完善出口政策，严格管理高耗能高排放产品出口。积极扩大绿色低碳产品、节能环保服务、环境服务等进口。

（二十五）推进绿色“一带一路”建设。加快“一带一路”投资合作绿色转型。支持共建“一带一路”国家开展清洁能源开发利用。大力推动南南合作，帮助发展中国家提高应对气候变化能力。深化与各国在绿色技术、绿色装备、绿色服务、绿色基础设施建设等方面的交流与合作，积极推动我国新能源等绿色低碳技术和产品走出去，让绿色成为共建“一带一路”的底色。

（二十六）加强国际交流与合作。积极参与应对气候变化国际谈判，坚持我国发展中国家定位，坚持共同但有区别的责任原则、公平原则和各自能力原则，维护我国发展权益。履行《联合国气候变化框架公约》及其《巴黎协定》，发布我国长期温室气体低排放发展战略，积极参与国际规则和标准制定，推动建立公平合理、合作共赢的全球气候治理体系。加强应对气候变化国际交流合作，统筹国内外工作，主动参与全球气候和环境治理。

十一、健全法律法规标准和统计监测体系

（二十七）健全法律法规。全面清理现行法律法规中与碳达峰、碳中和工作不相适应的内容，加强法律法规间的衔接协调。研究制定碳中和专项法律，抓紧修订节约能源法、电力法、煤炭法、可再生能源法、循环经济促进法等，增强相关法律法规的针对性和有效性。

（二十八）完善标准计量体系。建立健全碳达峰、碳中和标准计量体系。加快节能标准更新升级，抓紧修订一批能耗限额、产品设备能效强制性国家标准和工程建设标准，提升重点产品能耗限额要求，扩大能耗限额标准覆盖范围，完善能源核算、检测认证、评估、审计等配套标准。加快完善地区、行业、企业、产品等碳排放核查核算报告标准，建立统一规范的碳核算体系。制定重点行业和产品温室气体排放标准，完善低碳产品标准标识制度。积极参与相关国际标准制定，加强标准国际衔接。

（二十九）提升统计监测能力。健全电力、钢铁、建筑等行业领域能耗统计监测和计量体系，加强重点用能单位能耗在线监测系统建设。加强二氧化碳排放统计核算能力建设，提升信息化实测水平。依托和拓展自然资源调查监测体系，建立生态系统碳汇监测核算体系，开展森林、草原、湿地、海洋、土壤、冻土、岩溶等碳汇本底调查和碳储量评估，实施生态保护修复碳汇成效监测评估。

十二、完善政策机制

（三十）完善投资政策。充分发挥政府投资引导作用，构建与碳达峰、碳中和相适应的投融资体系，严控煤电、钢铁、电解铝、水泥、石化等高碳项目投资，加大对节能环保、新能源、低碳交通运输装备和组织方式、碳捕集利用与封存等项目的支持力度。完善支持社会资本参与政策，激发市场主体绿色低碳投资活力。国有企业要加大绿色低碳投资，积极开展低碳零碳负碳技术研发应用。

（三十一）积极发展绿色金融。有序推进绿色低碳金融产品和服务开发，设立碳减排货币政策工具，将绿色信贷纳入宏观审慎评估框架，引导银行等金融机构为绿色低碳项目提供长期限、低成本资金。鼓励开发性政策性金融机构按照市场化法治化原则为实现碳达峰、碳中和提供长期稳定融资支持。支持符合条件的企业上市融资和再融资用于绿色低碳项目建设运营，扩大绿色债券规模。研究设立国家低碳转型基金。鼓励社会资本设立绿色低碳产业投资基金。建立健全绿色金融标准体系。

（三十二）完善财税价格政策。各级财政要加大对绿色低碳产业发展、技术研发等的支持力度。完善政府绿色采购标准，加大绿色低碳产品采购力度。落实环境保护、节能节水、新能源和清洁能源车船税收优惠。研究碳减排相关税收政策。建立健全促进可再生能源规模化发展的价格机制。完善差别化电价、分时电价和居民阶梯电价政策。严禁对高耗能、高排放、资源型行业实施电价优惠。加快推进供热计量改革和按供热量收费。加快形成具有合理约束力的碳价机制。

（三十三）推进市场化机制建设。依托公共资源交易平台，加快建设完善全国碳排放权交易市场，逐步扩大市场覆盖范围，丰富交易品种和交易方式，完善配额分配管理。将碳汇交易纳入全国碳排放权交易市场，建立健全能够体现碳汇价值的生态保护补偿机制。健全企业、金融机构等碳排放报告和信息披露制度。完善用能权有偿使用和交易制度，加快建设全国用能权交易市场。加强电力交易、用能权交易和碳排放权交易的统筹衔接。发展市场化节能方式，推行合同能源管理，推广节能综合服务。

十三、切实加强组织实施

（三十四）加强组织领导。加强党中央对碳达峰、碳中和工作的集中统一领导，碳达峰碳中和工作领导小组指导和统筹做好碳达峰、碳中和工作。支持有条件的地方和重点行业、重点企业率先实现碳达峰，组织开展碳达峰、碳中和先行示范，探索有效模式和有益经验。将碳达峰、碳中和作为干部教育培训体系重要内容，增强各级领导干部推动绿色低碳发展的本领。

（三十五）强化统筹协调。国家发展改革委要加强统筹，组织落实 2030 年前碳达峰行动方案，加强碳中和工作谋划，定期调度各地区各有关部门落实碳达峰、碳中和目标任务进展情况，加强跟踪评估和督促检查，协调解决实施中遇到的重大问题。各有关部门要加强协调配合，形成工作合力，确保政策取向一致、步骤力度衔接。

（三十六）压实地方责任。落实领导干部生态文明建设责任制，地方各级党委和政府要坚决扛起碳达峰、碳中和责任，明确目标任务，制定落实举措，自觉为实现碳达峰、碳中和作出贡献。

（三十七）严格监督考核。各地区要将碳达峰、碳中和相关指标纳入经济社会发展综合评价体系，增加考核权重，加强指标约束。强化碳达峰、碳中和目标任务落实情况考核，对工作突出的地区、单位和个人按规定给予表彰奖励，对未完成目标任务的地区、部门依规依法实行通报批评和约谈问责，有关落实情况纳入中央生态环境保护督察。各地区各有关部门贯彻落实情况每年向党中央、国务院报告。

1.2

国务院印发 2030 年前碳达峰行动方案

国发〔2021〕23 号

各省、自治区、直辖市人民政府，国务院各部委、各直属机构：

现将《2030 年前碳达峰行动方案》印发给你们，请认真贯彻执行。

国务院

2021 年 10 月 24 日

（本文有删减）

2030 年前碳达峰行动方案

为深入贯彻落实党中央、国务院关于碳达峰、碳中和的重大战略决策，扎实推进碳达峰行动，制定本方案。

一、总体要求

（一）指导思想。以习近平新时代中国特色社会主义思想为指导，全面贯彻党的十九大和十九届二中、三中、四中、五中全会精神，深入贯彻习近平生态文明思想，立足新发展阶段，完整、准确、全面贯彻新发展理念，构建新发展格局，坚持系统观念，处理好发展和减排、整体和局部、短期和中长期的关系，统筹稳增长和调结构，把碳达峰、碳中和纳入经济社会发展全局，坚持“全国统筹、节约优先、双轮驱动、内外畅通、防范风险”的总方针，有力有序有效做好碳达峰工作，明确各地区、各领域、各行业目标任务，加快实现生产生活方式绿色变革，推动经济社会发展建立在资源高效利用和绿色低碳发展的基础之上，确保如期实现2030年前碳达峰目标。

（二）工作原则。

——总体部署、分类施策。坚持全国一盘棋，强化顶层设计和各方统筹。各地区、各领域、各行业因地制宜、分类施策，明确既符合自身实际又满足总体要求的目标任务。

——系统推进、重点突破。全面准确认识碳达峰行动对经济社会发展的深远影响，加强政策的系统性、协同性。抓住主要矛盾和矛盾的主要方面，推动重点领域、重点行业和有条件的地方率先达峰。

——双轮驱动、两手发力。更好发挥政府作用，构建新型举国体制，充分发挥市场机制作用，大力推进绿色低碳科技创新，深化能源和相关领域改革，形成有效激励约束机制。

——稳妥有序、安全降碳。立足我国富煤贫油少气的能源资源禀赋，坚持先立后破，稳住存量，拓展增量，以保障国家能源安全和经济发展为底线，争取时间实现新能源的逐渐替代，推动能源低碳转型平稳过渡，切实保障国家能源安全、产业链供应链安全、粮食安全和群众正常生产生活，着力化解各类风险隐患，防止过度反应，稳妥有序、循序渐进推进碳达峰行动，确保安全降碳。

二、主要目标

“十四五”期间，产业结构和能源结构调整优化取得明显进展，重点行业能源利用效率大幅提升，煤炭消费增长得到严格控制，新型电力系统加快构建，绿色低碳技术研发和推广应用取得新进展，绿色生产生活方式得到普遍推行，有利于绿色低碳循环发展的政策体系进一步完善。到2025年，非化石能源消费比重达到20%左右，单位国内生产总值能源消耗比2020年下降13.5%，单位国内生产总值二氧化碳排放比2020年下降18%，为实现碳达峰奠定坚实基础。

“十五五”期间，产业结构调整取得重大进展，清洁低碳安全高效的能源体系初步建立，重点领域低碳发展模式基本形成，重点耗能行业能源利用效率达到国际先进水平，非化石能源消费比重进一步提高，煤炭消费逐步减少，绿色低碳技术取得关键突破，绿色生活方式成为公众自觉选择，绿色低碳循环发展政策体系基本健全。到2030年，非化石能源消费比重达到25%左右，单位国内生产总值二氧化碳排放比2005年下降65%以上，顺利实现2030年前碳达峰目标。

三、重点任务

将碳达峰贯穿于经济社会发展全过程和各方面，重点实施能源绿色低碳转型行动、节能降碳增效行动、工业领域碳达峰行动、城乡建设碳达峰行动、交通运输绿色低碳行动、循环经济助力降碳行动、绿色低碳科技创新行动、碳汇能力巩固提升行动、绿色低碳全民行动、各地区梯次有序碳达峰行动等“碳达峰十大行动”。

（一）能源绿色低碳转型行动。

能源是经济社会发展的重要物质基础，也是碳排放的最主要来源。要坚持安全降碳，在保障能源安全的前提下，大力实施可再生能源替代，加快构建清洁低碳安全高效的能源体系。

1. 推进煤炭消费替代和转型升级。加快煤炭减量步伐，“十四五”时期严格合理控制煤炭消费增长，“十五五”时期逐步减少。严格控制新增煤电项目，新建机组煤耗标准达到国际先进水平，有序淘汰煤电落后产能，加快现役机组节能升级和灵活性改造，积极推进供热改造，推动煤电向基础保障性和系统调节性电源并重转型。严控跨区外送可再生能源电力配套煤电规模，新建通道可再生能源电量比例原则上不低于50%。推动重点用煤行业减煤限煤。大力推动煤炭清洁利用，合理划定禁止散烧区域，多措并举、积极有序推进散煤替代，逐步减少直至禁止煤炭散烧。

2. 大力发展新能源。全面推进风电、太阳能发电大规模开发和高质量发展，坚持集中式与分布式并举，加快建设风电和光伏发电基地。加快智能光伏产业创新升级和特色应用，创新“光伏＋”模式，推进光伏发电多元布局。坚持陆海并重，推动风电协调快速发展，完善海上风电产业链，鼓励建设海上风电基地。积极发展太阳能光热发电，推动建立光热发电与光伏发电、风电互补调节的风光热综合可再生能源发电基地。因地制宜发展生物质发电、生物质能清洁供暖和生物天然气。探索深化地热能以及波浪能、潮流能、温差能等海洋新能源开发利用。进一步完善可再生能源电力消纳保障机制。到2030年，风电、太阳能发电总装机容量达到12亿千瓦以上。

3. 因地制宜开发水电。积极推进水电基地建设，推动金沙江上游、澜沧江上游、雅砻江中游、黄河上游等已纳入规划、符合生态保护要求的水电项目开工建设，推进雅鲁藏布江下游水电开发，推动小水电绿色发展。推动西南地区水电与风电、太阳能发电协同互补。统筹水电开发和生态保护，探索建立水能资源开发生态保护补偿机制。“十四五”“十五五”期间分别新增水电装机容量4000万千瓦左右，西南地区以水电为主的可再生能源体系基本建立。

4. 积极安全有序发展核电。合理确定核电站布局和开发时序，在确保安全的前提下有序发展核电，保持平稳建设节奏。积极推动高温气冷堆、快堆、模块化小型堆、海上浮动堆等先进堆型示范工程，开展核能综合利用示范。加大核电标准化、自主化力度，加快关键技术装备攻关，培育高端核电装备制造产业集群。实行最严格的安全标准和最严格的监管，持续提升核安全监管能力。

5. 合理调控油气消费。保持石油消费处于合理区间，逐步调整汽油消费规模，大力推进先进生物液体燃料、可持续航空燃料等替代传统燃油，提升终端燃油产品能效。加快推进页岩气、煤层气、致密油（气）等非常规油气资源规模化开发。有序引导天然气消费，优化利用结构，优先保障民生用气，大力推动天然气与多种能源融合发展，因地制宜建设天然气调峰电站，合理引导工业用气和化工原料用气。支持车船使用液化天然气作为燃料。

6. 加快建设新型电力系统。构建新能源占比逐渐提高的新型电力系统，推动清洁电力资源大范围优化配置。大力提升电力系统综合调节能力，加快灵活调节电源建设，引导自备电厂、传统高载能工业负荷、工商业可中断负荷、电动汽车充电网络、虚拟电厂等参与系统调节，建设坚强智能电网，提升电网安全保障水平。积极发展“新能源＋储能”、源网荷储一体化和多能互补，支持分布式新能源合理配置储能系统。制定新一轮抽水蓄能电站中长期发展规划，完善促进抽水蓄能发展的政策机制。加快新型储能示范推广应用。深化电力体制改革，加快构建全国统一电力市场体系。到 2025 年，新型储能装机容量达到 3000 万千瓦以上。到 2030 年，抽水蓄能电站装机容量达到 1.2 亿千瓦左右，省级电网基本具备 5%以上的尖峰负荷响应能力。

（二）节能降碳增效行动。

落实节约优先方针，完善能源消费强度和总量双控制度，严格控制能耗强度，合理控制能源消费总量，推动能源消费革命，建设能源节约型社会。

1. 全面提升节能管理能力。推行用能预算管理，强化固定资产投资项目节能审查，对项目用能和碳排放情况进行综合评价，从源头推进节能降碳。提高节能管理信息化水平，完善重点用能单位能耗在线监测系统，建立全国性、行业性节能技术推广服务平台，推动高耗能企业建立能源管理中心。完善能源计量体系，鼓励采用认证手段提升节能管理水平。加强节能监察能力建设，健全省、市、县三级节能监察体系，建立跨部门联动机制，综合运用行政处罚、信用监管、绿色电价等手段，增强节能监察约束力。

2. 实施节能降碳重点工程。实施城市节能降碳工程，开展建筑、交通、照明、供热等基础设施节能升级改造，推进先进绿色建筑技术示范应用，推动城市综合能效提升。实施园区节能降碳工程，以高耗能高排放项目（以下称“两高”项目）集聚度高的园区为重点，推动能源系统优化和梯级利用，打造一批达到国际先进水平的节能低碳园区。实施重点行业节能降碳工程，推动电力、钢铁、有色金属、建材、石化化工等行业开展节能降碳改造，提升能源资源利用效率。实施重大节能降碳技术示范工程，支持已取得突破的绿色低碳关键技术开展产业化示范应用。

3. 推进重点用能设备节能增效。以电机、风机、泵、压缩机、变压器、换热器、工业锅炉等设备为重点，全面提升能效标准。建立以能效为导向的激励约束机制，推广先进高效产品设备，加快淘汰落后低效设备。加强重点用能设备节能审查和日常监管，强化生产、经营、销售、使用、报废全链条管理，严厉打击违法违规行为，确保能效标准和节能要求全面落实。

4. 加强新型基础设施节能降碳。优化新型基础设施空间布局，统筹谋划、科学配置数据中心等新型基础设施，避免低水平重复建设。优化新型基础设施用能结构，采用直流供电、分布式储能、“光伏＋储能”等模式，探索多样化能源供应，提高非化石能源消费比重。对标国际先进水平，加快完善通信、运算、存储、传输等设备能效标准，提升准入门槛，淘汰落后设备和技术。加强新型基础设施用能管理，将年综合能耗超过1万吨标准煤的数据中心全部纳入重点用能单位能耗在线监测系统，开展能源计量审查。推动既有设施绿色升级改造，积极推广使用高效制冷、先进通风、余热利用、智能化用能控制等技术，提高设施能效水平。

（三）工业领域碳达峰行动。

工业是产生碳排放的主要领域之一，对全国整体实现碳达峰具有重要影响。工业领域要加快绿色低碳转型和高质量发展，力争率先实现碳达峰。

1. 推动工业领域绿色低碳发展。优化产业结构，加快退出落后产能，大力发展战略性新兴产业，加快传统产业绿色低碳改造。促进工业能源消费低碳化，推动化石能源清洁高效利用，提高可再生能源应用比重，加强电力需求侧管理，提升工业电气化水平。深入实施绿色制造工程，大力推行绿色设计，完善绿色制造体系，建设绿色工厂和绿色工业园区。推进工业领域数字化智能化绿色化融合发展，加强重点行业和领域技术改造。

2. 推动钢铁行业碳达峰。深化钢铁行业供给侧结构性改革，严格执行产能置换，严禁新增产能，推进存量优化，淘汰落后产能。推进钢铁企业跨地区、跨所有制兼并重组，提高行业集中度。优化生产力布局，以京津冀及周边地区为重点，继续压减钢铁产能。促进钢铁行业结构优化和清洁能源替代，大力推进非高炉炼铁技术示范，提升废钢资源回收利用水平，推行全废钢电炉工艺。推广先进适用技术，深挖节能降碳潜力，鼓励钢化联产，探索开展氢冶金、二氧化碳捕集利用一体化等试点示范，推动低品位余热供暖发展。

3. 推动有色金属行业碳达峰。巩固化解电解铝过剩产能成果，严格执行产能置换，严控新增产能。推进清洁能源替代，提高水电、风电、太阳能发电等应用比重。加快再生有色金属产业发展，完善废弃有色金属资源回收、分选和加工网络，提高再生有色金属产量。加快推广应用先进适用绿色低碳技术，提升有色金属生产过程余热回收水平，推动单位产品能耗持续下降。

4. 推动建材行业碳达峰。加强产能置换监管，加快低效产能退出，严禁新增水泥熟料、平板玻璃产能，引导建材行业向轻型化、集约化、制品化转型。推动水泥错峰生产常态化，合理缩短水泥熟料装置运转时间。因地制宜利用风能、太阳能等可再生能源，逐步提高电力、天然气应用比重。鼓励建材企业使用粉煤灰、工业废渣、尾矿渣等作为原料或水泥混合材。加快推进绿色建材产品认证和应用推广，加强新型胶凝材料、低碳混凝土、木竹建材等低碳建材产品研发应用。推广节能技术设备，开展能源管理体系建设，实现节能增效。

5. 推动石化化工行业碳达峰。优化产能规模和布局，加大落后产能淘汰力度，有效化解结构性过剩矛盾。严格项目准入，合理安排建设时序，严控新增炼油和传统煤化工生产能力，稳妥有序发展现代煤化工。引导企业转变用能方式，鼓励以电力、天然气等替代煤炭。调整原料结构，控制新增原料用煤，拓展富氢原料进口来源，推动石化化工原料轻质化。优化产品结构，促进石化化工与煤炭开采、冶金、建材、化纤等产业协同发展，加强炼厂干气、液化气等副产气体高效利用。鼓励企业节能升级改造，推动能量梯级利用、物料循环利用。到2025年，国内原油一次加工能力控制在10亿吨以内，主要产品产能利用率提升至80%以上。

6. 坚决遏制“两高”项目盲目发展。采取强有力措施，对“两高”项目实行清单管理、分类处置、动态监控。全面排查在建项目，对能效水平低于本行业能耗限额准入值的，按有关规定停工整改，推动能效水平应提尽提，力争全面达到国内乃至国际先进水平。科学评估拟建项目，对产能已饱和的行业，按照“减量替代”原则压减产能；对产能尚未饱和的行业，按照国家布局和审批备案等要求，对标国际先进水平提高准入门槛；对能耗量较大的新兴产业，支持引导企业应用绿色低碳技术，提高能效水平。深入挖潜存量项目，加快淘汰落后产能，通过改造升级挖掘节能减排潜力。强化常态化监管，坚决拿下不符合要求的“两高”项目。

（四）城乡建设碳达峰行动。

加快推进城乡建设绿色低碳发展，城市更新和乡村振兴都要落实绿色低碳要求。

1. 推进城乡建设绿色低碳转型。推动城市组团式发展，科学确定建设规模，控制新增建设用地过快增长。倡导绿色低碳规划设计理念，增强城乡气候韧性，建设海绵城市。推广绿色低碳建材和绿色建造方式，加快推进新型建筑工业化，大力发展装配式建筑，推广钢结构住宅，推动建材循环利用，强化绿色设计和绿色施工管理。加强县城绿色低碳建设。推动建立以绿色低碳为导向的城乡规划建设管理机制，制定建筑拆除管理办法，杜绝大拆大建。建设绿色城镇、绿色社区。

2. 加快提升建筑能效水平。加快更新建筑节能、市政基础设施等标准，提高节能降碳要求。加强适用于不同气候区、不同建筑类型的节能低碳技术研发和推广，推动超低能耗建筑、低碳建筑规模化发展。加快推进居住建筑和公共建筑节能改造，持续推动老旧供热管网等市政基础设施节能降碳改造。提升城镇建筑和基础设施运行管理智能化水平，加快推广供热计量收费和合同能源管理，逐步开展公共建筑能耗限额管理。到 2025 年，城镇新建建筑全面执行绿色建筑标准。

3. 加快优化建筑用能结构。深化可再生能源建筑应用，推广光伏发电与建筑一体化应用。积极推动严寒、寒冷地区清洁取暖，推进热电联产集中供暖，加快工业余热供暖规模化应用，积极稳妥开展核能供热示范，因地制宜推行热泵、生物质能、地热能、太阳能等清洁低碳供暖。引导夏热冬冷地区科学取暖，因地制宜采用清洁高效取暖方式。提高建筑终端电气化水平，建设集光伏发电、储能、直流配电、柔性用电于一体的“光储直柔”建筑。到 2025 年，城镇建筑可再生能源替代率达到 8%，新建公共机构建筑、新建厂房屋顶光伏覆盖率力争达到 50%。

4. 推进农村建设和用能低碳转型。推进绿色农房建设，加快农房节能改造。持续推进农村地区清洁取暖，因地制宜选择适宜取暖方式。发展节能低碳农业大棚。推广节能环保灶具、电动农用车辆、节能环保农机和渔船。加快生物质能、太阳能等可再生能源在农业生产和农村生活中的应用。加强农村电网建设，提升农村用能电气化水平。

（五）交通运输绿色低碳行动。

加快形成绿色低碳运输方式，确保交通运输领域碳排放增长保持在合理区间。

1. 推动运输工具装备低碳转型。积极扩大电力、氢能、天然气、先进生物液体燃料等新能源、清洁能源在交通运输领域应用。大力推广新能源汽车，逐步降低传统燃油汽车在新车产销和汽车保有量中的占比，推动城市公共服务车辆电动化替代，推广电力、氢燃料、液化天然气动力重型货运车辆。提升铁路系统电气化水平。加快老旧船舶更新改造，发展电动、液化天然气动力船舶，深入推进船舶靠港使用岸电，因地制宜开展沿海、内河绿色智能船舶示范应用。提升机场运行电动化智能化水平，发展新能源航空器。到2030年，当年新增新能源、清洁能源动力的交通工具比例达到40%左右，营运交通工具单位换算周转量碳排放强度比2020年下降9.5%左右，国家铁路单位换算周转量综合能耗比2020年下降10%。陆路交通运输石油消费力争2030年前达到峰值。

2. 构建绿色高效交通运输体系。发展智能交通，推动不同运输方式合理分工、有效衔接，降低空载率和不合理客货运周转量。大力发展以铁路、水路为骨干的多式联运，推进工矿企业、港口、物流园区等铁路专用线建设，加快内河高等级航道网建设，加快大宗货物和中长距离货物运输“公转铁”“公转水”。加快先进适用技术应用，提升民航运行管理效率，引导航空企业加强智慧运行，实现系统化节能降碳。加快城乡物流配送体系建设，创新绿色低碳、集约高效的配送模式。打造高效衔接、快捷舒适的公共交通服务体系，积极引导公众选择绿色低碳交通方式。“十四五”期间，集装箱铁水联运量年均增长15%以上。到2030年，城区常住人口100万以上的城市绿色出行比例不低于70%。

3. 加快绿色交通基础设施建设。将绿色低碳理念贯穿于交通基础设施规划、建设、运营和维护全过程，降低全生命周期能耗和碳排放。开展交通基础设施绿色化提升改造，统筹利用综合运输通道线位、土地、空域等资源，加大岸线、锚地等资源整合力度，提高利用效率。有序推进充电桩、配套电网、加注（气）站、加氢站等基础设施建设，提升城市公共交通基础设施水平。到2030年，民用运输机场场内车辆装备等力争全面实现电动化。

（六）循环经济助力降碳行动。

抓住资源利用这个源头，大力发展循环经济，全面提高资源利用效率，充分发挥减少资源消耗和降碳的协同作用。

1. 推进产业园区循环化发展。以提升资源产出率和循环利用率为目标，优化园区空间布局，开展园区循环化改造。推动园区企业循环式生产、产业循环式组合，组织企业实施清洁生产改造，促进废物综合利用、能量梯级利用、水资源循环利用，推进工业余压余热、废气废液废渣资源化利用，积极推广集中供气供热。搭建基础设施和公共服务共享平台，加强园区物质流管理。到2030年，省级以上重点产业园区全部实施循环化改造。

2. 加强大宗固废综合利用。提高矿产资源综合开发利用水平和综合利用率，以煤矸石、粉煤灰、尾矿、共伴生矿、冶炼渣、工业副产石膏、建筑垃圾、农作物秸秆等大宗固废为重点，支持大掺量、规模化、高值化利用，鼓励应用于替代原生非金属矿、砂石等资源。在确保安全环保前提下，探索将磷石膏应用于土壤改良、井下充填、路基修筑等。推动建筑垃圾资源化利用，推广废弃路面材料原地再生利用。加快推进秸秆高值化利用，完善收储运体系，严格禁烧管控。加快大宗固废综合利用示范建设。到2025年，大宗固废年利用量达到40亿吨左右；到2030年，年利用量达到45亿吨左右。

3. 健全资源循环利用体系。完善废旧物资回收网络，推行“互联网+”回收模式，实现再生资源应收尽收。加强再生资源综合利用行业规范管理，促进产业集聚发展。高水平建设现代化“城市矿产”基地，推动再生资源规范化、规模化、清洁化利用。推进退役动力电池、光伏组件、风电机组叶片等新兴产业废物循环利用。促进汽车零部件、工程机械、文办设备等再制造产业高质量发展。加强资源再生产品和再制造产品推广应用。到2025年，废钢铁、废铜、废铝、废铅、废锌、废纸、废塑料、废橡胶、废玻璃等9种主要再生资源循环利用量达到4.5亿吨，到2030年达到5.1亿吨。

4. 大力推进生活垃圾减量化资源化。扎实推进生活垃圾分类，加快建立覆盖全社会的生活垃圾收运处置体系，全面实现分类投放、分类收集、分类运输、分类处理。加强塑料污染全链条治理，整治过度包装，推动生活垃圾源头减量。推进生活垃圾焚烧处理，降低填埋比例，探索适合我国厨余垃圾特性的资源化利用技术。推进污水资源化利用。到2025年，城市生活垃圾分类体系基本健全，生活垃圾资源化利用比例提升至60％左右。到2030年，城市生活垃圾分类实现全覆盖，生活垃圾资源化利用比例提升至65％。

（七）绿色低碳科技创新行动。

发挥科技创新的支撑引领作用，完善科技创新体制机制，强化创新能力，加快绿色低碳科技革命。

1. 完善创新体制机制。制定科技支撑碳达峰碳中和行动方案，在国家重点研发计划中设立碳达峰碳中和关键技术研究与示范等重点专项，采取“揭榜挂帅”机制，开展低碳零碳负碳关键核心技术攻关。将绿色低碳技术创新成果纳入高等学校、科研单位、国有企业有关绩效考核。强化企业创新主体地位，支持企业承担国家绿色低碳重大科技项目，鼓励设施、数据等资源开放共享。推进国家绿色技术交易中心建设，加快创新成果转化。加强绿色低碳技术和产品知识产权保护。完善绿色低碳技术和产品检测、评估、认证体系。

2. 加强创新能力建设和人才培养。组建碳达峰碳中和相关国家实验室、国家重点实验室和国家技术创新中心，适度超前布局国家重大科技基础设施，引导企业、高等学校、科研单位共建一批国家绿色低碳产业创新中心。创新人才培养模式，鼓励高等学校加快新能源、储能、氢能、碳减排、碳汇、碳排放权交易等学科建设和人才培养，建设一批绿色低碳领域未来技术学院、现代产业学院和示范性能源学院。深化产教融合，鼓励校企联合开展产学合作协同育人项目，组建碳达峰碳中和产教融合发展联盟，建设一批国家储能技术产教融合创新平台。

3. 强化应用基础研究。实施一批具有前瞻性、战略性的国家重大前沿科技项目，推动低碳零碳负碳技术装备研发取得突破性进展。聚焦化石能源绿色智能开发和清洁低碳利用、可再生能源大规模利用、新型电力系统、节能、氢能、储能、动力电池、二氧化碳捕集利用与封存等重点，深化应用基础研究。积极研发先进核电技术，加强可控核聚变等前沿颠覆性技术研究。

4. 加快先进适用技术研发和推广应用。集中力量开展复杂大电网安全稳定运行和控制、大容量风电、高效光伏、大功率液化天然气发动机、大容量储能、低成本可再生能源制氢、低成本二氧化碳捕集利用与封存等技术创新，加快碳纤维、气凝胶、特种钢材等基础材料研发，补齐关键零部件、元器件、软件等短板。推广先进成熟绿色低碳技术，开展示范应用。建设全流程、集成化、规模化二氧化碳捕集利用与封存示范项目。推进熔盐储能供热和发电示范应用。加快氢能技术研发和示范应用，探索在工业、交通运输、建筑等领域规模化应用。

（八）碳汇能力巩固提升行动。

坚持系统观念，推进山水林田湖草沙一体化保护和修复，提高生态系统质量和稳定性，提升生态系统碳汇增量。

1. 巩固生态系统固碳作用。结合国土空间规划编制和实施，构建有利于碳达峰、碳中和的国土空间开发保护格局。严守生态保护红线，严控生态空间占用，建立以国家公园为主体的自然保护地体系，稳定现有森林、草原、湿地、海洋、土壤、冻土、岩溶等固碳作用。严格执行土地使用标准，加强节约集约用地评价，推广节地技术和节地模式。

2. 提升生态系统碳汇能力。实施生态保护修复重大工程。深入推进大规模国土绿化行动，巩固退耕还林还草成果，扩大林草资源总量。强化森林资源保护，实施森林质量精准提升工程，提高森林质量和稳定性。加强草原生态保护修复，提高草原综合植被盖度。加强河湖、湿地保护修复。整体推进海洋生态系统保护和修复，提升红树林、海草床、盐沼等固碳能力。加强退化土地修复治理，开展荒漠化、石漠化、水土流失综合治理，实施历史遗留矿山生态修复工程。到 2030 年，全国森林覆盖率达到25%左右，森林蓄积量达到190亿立方米。

3. 加强生态系统碳汇基础支撑。依托和拓展自然资源调查监测体系，利用好国家林草生态综合监测评价成果，建立生态系统碳汇监测核算体系，开展森林、草原、湿地、海洋、土壤、冻土、岩溶等碳汇本底调查、碳储量评估、潜力分析，实施生态保护修复碳汇成效监测评估。加强陆地和海洋生态系统碳汇基础理论、基础方法、前沿颠覆性技术研究。建立健全能够体现碳汇价值的生态保护补偿机制，研究制定碳汇项目参与全国碳排放权交易相关规则。

4. 推进农业农村减排固碳。大力发展绿色低碳循环农业，推进农光互补、“光伏＋设施农业”、“海上风电＋海洋牧场”等低碳农业模式。研发应用增汇型农业技术。开展耕地质量提升行动，实施国家黑土地保护工程，提升土壤有机碳储量。合理控制化肥、农药、地膜使用量，实施化肥农药减量替代计划，加强农作物秸秆综合利用和畜禽粪污资源化利用。

（九）绿色低碳全民行动。

增强全民节约意识、环保意识、生态意识，倡导简约适度、绿色低碳、文明健康的生活方式，把绿色理念转化为全体人民的自觉行动。

1. 加强生态文明宣传教育。将生态文明教育纳入国民教育体系，开展多种形式的资源环境国情教育，普及碳达峰、碳中和基础知识。加强对公众的生态文明科普教育，将绿色低碳理念有机融入文艺作品，制作文创产品和公益广告，持续开展世界地球日、世界环境日、全国节能宣传周、全国低碳日等主题宣传活动，增强社会公众绿色低碳意识，推动生态文明理念更加深入人心。

2. 推广绿色低碳生活方式。坚决遏制奢侈浪费和不合理消费，着力破除奢靡铺张的歪风陋习，坚决制止餐饮浪费行为。在全社会倡导节约用能，开展绿色低碳社会行动示范创建，深入推进绿色生活创建行动，评选宣传一批优秀示范典型，营造绿色低碳生活新风尚。大力发展绿色消费，推广绿色低碳产品，完善绿色产品认证与标识制度。提升绿色产品在政府采购中的比例。

3. 引导企业履行社会责任。引导企业主动适应绿色低碳发展要求，强化环境责任意识，加强能源资源节约，提升绿色创新水平。重点领域国有企业特别是中央企业要制定实施企业碳达峰行动方案，发挥示范引领作用。重点用能单位要梳理核算自身碳排放情况，深入研究碳减排路径，“一企一策”制定专项工作方案，推进节能降碳。相关上市公司和发债企业要按照环境信息依法披露要求，定期公布企业碳排放信息。充分发挥行业协会等社会团体作用，督促企业自觉履行社会责任。

4. 强化领导干部培训。将学习贯彻习近平生态文明思想作为干部教育培训的重要内容，各级党校（行政学院）要把碳达峰、碳中和相关内容列入教学计划，分阶段、多层次对各级领导干部开展培训，普及科学知识，宣讲政策要点，强化法治意识，深化各级领导干部对碳达峰、碳中和工作重要性、紧迫性、科学性、系统性的认识。从事绿色低碳发展相关工作的领导干部要尽快提升专业素养和业务能力，切实增强推动绿色低碳发展的本领。

（十）各地区梯次有序碳达峰行动。

各地区要准确把握自身发展定位，结合本地区经济社会发展实际和资源环境禀赋，坚持分类施策、因地制宜、上下联动，梯次有序推进碳达峰。

1. 科学合理确定有序达峰目标。碳排放已经基本稳定的地区要巩固减排成果，在率先实现碳达峰的基础上进一步降低碳排放。产业结构较轻、能源结构较优的地区要坚持绿色低碳发展，坚决不走依靠“两高”项目拉动经济增长的老路，力争率先实现碳达峰。产业结构偏重、能源结构偏煤的地区和资源型地区要把节能降碳摆在突出位置，大力优化调整产业结构和能源结构，逐步实现碳排放增长与经济增长脱钩，力争与全国同步实现碳达峰。

2. 因地制宜推进绿色低碳发展。各地区要结合区域重大战略、区域协调发展战略和主体功能区战略，从实际出发推进本地区绿色低碳发展。京津冀、长三角、粤港澳大湾区等区域要发挥高质量发展动力源和增长极作用，率先推动经济社会发展全面绿色转型。长江经济带、黄河流域和国家生态文明试验区要严格落实生态优先、绿色发展战略导向，在绿色低碳发展方面走在全国前列。中西部和东北地区要着力优化能源结构，按照产业政策和能耗双控要求，有序推动高耗能行业向清洁能源优势地区集中，积极培育绿色发展动能。

3. 上下联动制定地方达峰方案。各省、自治区、直辖市人民政府要按照国家总体部署，结合本地区资源环境禀赋、产业布局、发展阶段等，坚持全国一盘棋，不抢跑，科学制定本地区碳达峰行动方案，提出符合实际、切实可行的碳达峰时间表、路线图、施工图，避免“一刀切”限电限产或运动式“减碳”。各地区碳达峰行动方案经碳达峰碳中和工作领导小组综合平衡、审核通过后，由地方自行印发实施。

4. 组织开展碳达峰试点建设。加大中央对地方推进碳达峰的支持力度，选择100个具有典型代表性的城市和园区开展碳达峰试点建设，在政策、资金、技术等方面对试点城市和园区给予支持，加快实现绿色低碳转型，为全国提供可操作、可复制、可推广的经验做法。

四、国际合作

（一）深度参与全球气候治理。大力宣传习近平生态文明思想，分享中国生态文明、绿色发展理念与实践经验，为建设清洁美丽世界贡献中国智慧、中国方案、中国力量，共同构建人与自然生命共同体。主动参与全球绿色治理体系建设，坚持共同但有区别的责任原则、公平原则和各自能力原则，坚持多边主义，维护以联合国为核心的国际体系，推动各方全面履行《联合国气候变化框架公约》及其《巴黎协定》。积极参与国际航运、航空减排谈判。

（二）开展绿色经贸、技术与金融合作。优化贸易结构，大力发展高质量、高技术、高附加值绿色产品贸易。加强绿色标准国际合作，推动落实合格评定合作和互认机制，做好绿色贸易规则与进出口政策的衔接。加强节能环保产品和服务进出口。加大绿色技术合作力度，推动开展可再生能源、储能、氢能、二氧化碳捕集利用与封存等领域科研合作和技术交流，积极参与国际热核聚变实验堆计划等国际大科学工程。深化绿色金融国际合作，积极参与碳定价机制和绿色金融标准体系国际宏观协调，与有关各方共同推动绿色低碳转型。

（三）推进绿色“一带一路”建设。秉持共商共建共享原则，弘扬开放、绿色、廉洁理念，加强与共建“一带一路”国家的绿色基建、绿色能源、绿色金融等领域合作，提高境外项目环境可持续性，打造绿色、包容的“一带一路”能源合作伙伴关系，扩大新能源技术和产品出口。发挥“一带一路”绿色发展国际联盟等合作平台作用，推动实施《“一带一路”绿色投资原则》，推进“一带一路”应对气候变化南南合作计划和

"一带一路"科技创新行动计划。

五、政策保障

（一）建立统一规范的碳排放统计核算体系。加强碳排放统计核算能力建设，深化核算方法研究，加快建立统一规范的碳排放统计核算体系。支持行业、企业依据自身特点开展碳排放核算方法学研究，建立健全碳排放计量体系。推进碳排放实测技术发展，加快遥感测量、大数据、云计算等新兴技术在碳排放实测技术领域的应用，提高统计核算水平。积极参与国际碳排放核算方法研究，推动建立更为公平合理的碳排放核算方法体系。

（二）健全法律法规标准。构建有利于绿色低碳发展的法律体系，推动能源法、节约能源法、电力法、煤炭法、可再生能源法、循环经济促进法、清洁生产促进法等制定修订。加快节能标准更新，修订一批能耗限额、产品设备能效强制性国家标准和工程建设标准，提高节能降碳要求。健全可再生能源标准体系，加快相关领域标准制定修订。建立健全氢制、储、输、用标准。完善工业绿色低碳标准体系。建立重点企业碳排放核算、报告、核查等标准，探索建立重点产品全生命周期碳足迹标准。积极参与国际能效、低碳等标准制定修订，加强国际标准协调。

（三）完善经济政策。各级人民政府要加大对碳达峰、碳中和工作的支持力度。建立健全有利于绿色低碳发展的税收政策体系，落实和完善节能节水、资源综合利用等税收优惠政策，更好发挥税收对市场主体绿色低碳发展的促进作用。完善绿色电价政策，健全居民阶梯电价制度和分时电价政策，探索建立分时电价动态调整机制。完善绿色金融评价机制，建立健全绿色金融标准体系。大力发展绿色贷款、绿色股权、绿色债券、绿色保险、绿色基金等金融工具，设立碳减排支持工具，引导金融机构为绿色低碳项目提供长期限、低成本资金，鼓励开发性政策性金融机构按照市场化法治化原则为碳达峰行动提供长期稳定融资支持。拓展绿色债券市场的深度和广度，支持符合条件的绿色企业上市融资、挂牌融资和再融资。研究设立国家低碳转型基金，支持传统产业和资源富集地区绿色转型。鼓励社会资本以市场化方式设立绿色低碳产业投资基金。

（四）建立健全市场化机制。发挥全国碳排放权交易市场作用，进一步完善配套制度，逐步扩大交易行业范围。建设全国用能权交易市场，完善用能权有偿使用和交易制度，做好与能耗双控制度的衔接。统筹推进碳排放权、用能权、电力交易等市场建设，加强市场机制间的衔接与协调，将碳排放权、用能权交易纳入公共资源交易平台。积极推行合同能源管理，推广节能咨询、诊断、设计、融资、改造、托管等“一站式”综合服务模式。

六、组织实施

（一）加强统筹协调。加强党中央对碳达峰、碳中和工作的集中统一领导，碳达峰碳中和工作领导小组对碳达峰相关工作进行整体部署和系统推进，统筹研究重要事项、制定重大政策。碳达峰碳中和工作领导小组成员单位要按照党中央、国务院决策部署和领导小组工作要求，扎实推进相关工作。碳达峰碳中和工作领导小组办公室要加强统筹协调，定期对各地区和重点领域、重点行业工作进展情况进行调度，科学提出碳达峰分步骤的时间表、路线图，督促将各项目标任务落实落细。

（二）强化责任落实。各地区各有关部门要深刻认识碳达

2　产业结构调整与产能置换

2.1

关于印发水泥玻璃行业产能置换实施办法的通知

工信部原〔2021〕80 号

各省、自治区、直辖市及新疆生产建设兵团工业和信息化主管部门：

现将修订后的《水泥玻璃行业产能置换实施办法》印发给你们，自 2021 年 8 月 1 日起施行，请认真抓好贯彻落实。

工业和信息化部

2021 年 7 月 2 日

水泥玻璃行业产能置换实施办法

第一条 为深入推进供给侧结构性改革，严控“两高”项目建设，进一步巩固水泥、玻璃行业去产能成果，依据《国务院关于化解产能严重过剩矛盾的指导意见》（国发〔2013〕41 号）和《国务院办公厅关于促进建材工业稳增长调结构增效益的指导意见》（国办发〔2016〕34 号），制定本办法。

第二条 本办法适用于中华人民共和国境内各类所有制水

泥、玻璃企业新建水泥熟料、平板玻璃项目，以及《工业和信息化部 国家发展改革委关于印发水泥行业部分项目处理意见的通知》（工信部联原〔2016〕118号）明确由地方视情处理、但尚未开展产能置换的在建项目。

第三条 严禁备案和新建扩大产能的水泥熟料、平板玻璃项目。确有必要新建的，必须制定产能置换方案，实施产能置换。

第四条 下列情形可不制定产能置换方案：

（一）依托现有水泥窑和玻璃熔窑实施治污减排、节能降耗、协同处置、提升装备水平等不扩大产能的技术改造项目。

（二）确因当地发展规划调整，导致不属于国家明令淘汰的落后产能的生产装置迁建的（水泥项目严格限制在同一地市州范围内），企业搬迁又未享受退出产能的资金奖补（因员工安置、土地回收的补偿和奖励除外）和政策支持的项目，可不制定产能置换方案，但应公示、公告项目迁建情况，主动接受监督。

（三）熔窑能力不超过150吨/天的新建工业用平板玻璃项目。

（四）光伏压延玻璃项目可不制定产能置换方案，但要建立产能风险预警机制，规定新建项目由省级工业和信息化主管部门委托全国性的行业组织或中介机构召开听证会，论证项目建设的必要性、技术先进性、能耗水平、环保水平等，并公告项目信息（附件5），项目建成投产后企业履行承诺不生产建筑玻璃（具体文件另发）。

第五条 企业开展产能置换，应切实贯彻落实国家关于化解过剩产能的精神和要求，有利于推动产业结构调整和布局优化，统筹考虑项目建设所在区域环境容量、资源禀赋、市场需求、物流运输等因素，诚实守信，慎重决策，做好可行性研究，制定好产能置换方案。

第六条 用于置换的水泥熟料、平板玻璃生产线产能必须是合规的有效产能（含经省级工业和信息化主管部门审批已实施窑炉技术改造，并经省级行业协会等组织鉴定过的JT窑），且在各省级工业和信息化主管部门每年公告的本地区合规水泥熟料、平板玻璃生产线清单内（包括企业名称、生产线名称、窑径、备案或核准产能、实际产能、建成投产日期等）。

第七条 存在下列情形之一的，不能用于产能置换：

（一）已超过国家明令淘汰期限的落后产能，已享受产能退出补贴的生产线，无水泥产品生产许可证或许可证过期，未依法取得排污许可证或许可证过期的水泥熟料产能。

（二）违反错峰生产规定被省级及以上工业和信息化主管部门或环保部门约谈后拒不改正的水泥企业所涉及的熟料产能。

（三）2013年以来，连续停产两年及以上的水泥熟料、平板玻璃生产线产能（因省级主管部门制定或同意的错峰生产方案以及因地方规划调整导致此情况的除外）。

（四）光伏压延玻璃产能。

第八条 用于置换的水泥熟料、平板玻璃生产线产能拆分转让不能超过两个项目。

第九条 非新型干法工艺的特种水泥产能指标只能置换为特种水泥项目。

第十条 用于置换的产能指标，依据项目备案或核准文件上的设计产能确定。实际产能小于备案或核准产能的，按实际产能确定，实际产能大于备案或核准产能的，按备案或核准产能确定。项目实际产能按照附件1、附件2推算确定。

第十一条 产能置换比例：

（一）位于国家规定的大气污染防治重点区域实施产能置换的水泥熟料和平板玻璃建设项目，产能置换比例分别不低于2∶1和1.25∶1；位于非大气污染防治重点区域的水泥熟料和平板玻璃建设项目，产能置换比例分别不低于1.5∶1和1∶1。大气污染防治重点区域依据《中共中央 国务院关于全面加强生态环境保护 坚决打好污染防治攻坚战的意见》以及生态环境部相关文件界定。

（二）使用国家产业结构调整目录限制类水泥熟料生产线作为置换指标和跨省置换水泥熟料指标，产能置换比例不低于2∶1。

第十二条 为支持重点地区水泥企业和磷化工企业联合开展磷石膏资源化利用，对于湖北、云南、贵州、四川、安徽五个省份，新建水泥窑生产线处置磷（钛、氟）石膏，且替代石灰石原料70%以上的，可以在省内水泥熟料产能总量不增加的条件下，由本省统筹调节全省产能指标，根据磷（钛、氟）石膏的处置量，科学合理确定新上项目数量和布局，实施等量置换。未经产能置换的新建磷石膏生产水泥熟料生产线不得再用于产能置换，通过产能置换或以产能入股的生产线，可按照置换办法继续用于产能置换。新建项目建成后，必须由省级工业和信息化主管部门会同有关部门组织验收合格后方可投入生产，并做好事中、事后监管，防止弄虚作假。

第十三条 新建白色硅酸盐水泥熟料项目，其产能指标可减半，但新建白色硅酸盐水泥熟料项目产能不能再置换为通用水泥和其他特种水泥熟料。其他特种水泥产能置换比例与通用水泥相同。

第十四条 建设项目产能置换方案（附件3）由项目建设

企业制定，报项目建设地省级工业和信息化主管部门审核后公示、公告。

跨省产能置换，须由出让产能企业制定产能出让方案（附件4），报出让地省级工业和信息化主管部门公示、公告。

第十五条 产能置换方案主要包括建设项目和出让产能情况，须包括但不限于以下内容：

（一）建设项目所属企业的名称，设计产能，主体设备（生产线）拟建的具体位置、规格型号及数量，计划点火投产时间。

（二）出让产能企业名称，统一社会信用代码，主体设备（生产线）所在的具体位置，水泥回转窑外径或平板玻璃熔窑日熔化量，备案或核准文件上的设计产能，核定产能，计划关停时间和计划拆除时间，企业的水泥生产许可证等。

（三）跨省产能置换，须附产能出让地省级工业和信息化主管部门出让公告。

第十六条 项目建设地省级工业和信息化主管部门负责核实确认产能置换方案的真实性、合规性，在门户网站上公示不少于10个工作日，产能指标真实有效无异议后予以公告。

跨省置换的，出让地省级工业和信息化主管部门核实确认产能指标，并将企业提供的拟建设项目基本情况，一并在门户网站上公告，项目建设地省级工业和信息化主管部门在公示产能置换方案前，应委托全国性的行业组织或中介机构召开置换听证会。

跨省置换听证会应充分论证产能置换方案是否符合国家相关政策要求，发挥好政府、协会、专家、企业、公众、媒体等社会各界的作用。

第十七条 用于产能置换的生产线，必须在建设项目投产前关停并完成拆除退出，用于分拆的置换指标项目，按最先建成投产的建设项目时间计算。因债务纠纷、法院查封设备等原因导致暂时无法拆除的，视同已拆除，但不得恢复生产，待具备拆除条件后立即拆除。

产能置换方案未实施或内容发生重大变更的，经指标出让企业和受让企业协商一致，省级工业和信息化主管部门核实确认后对方案予以撤销或变更，并向社会公告，跨省置换的根据方案实施进度分别由出让地、转入地予以公告。方案予以变更或撤销的，符合要求的产能指标可以继续转让。

第十八条 项目建设地省级工业和信息化主管部门负责监督新建项目方案的落实，督促组织查验并公布装置的实际生产能力，如存在弄虚作假、“批小建大”等行为，依照《企业投资项目核准和备案管理条例》有关要求处罚，整改到位前不得点火投产。

产能指标所属地省级工业和信息化主管部门督促指标出让企业按承诺时间要求关停和拆除用于产能置换的生产线，并组织实地核查，将关停和拆除情况向社会公告。跨省置换的，项目建设地省级工业和信息化主管部门应在项目投产前函告产能指标出让地省级工业和信息化主管部门。

第十九条 各地工业和信息化主管部门要进一步畅通举报渠道，及时在门户网站上向社会公开电话、传真、电子邮箱、网络等多种举报形式，接受社会监督。鼓励行业协会、媒体和公众对产能置换方案执行情况和建设项目情况开展监督。

第二十条 工业和信息化部负责组织抽查省级工业和信息化主管部门公告的产能置换方案执行情况。对产能置换方案核实把关不严、监督落实不到位的地区，责令限期整改，并依照法律法规追究相关人员责任。

第二十一条 各省级工业和信息化主管部门可以根据本办法，结合本地实际情况进一步明确细化程序和严格有关要求。

第二十二条 本办法自 2021 年 8 月 1 日起施行。《水泥玻璃行业产能置换实施办法》（工信部原〔2017〕337 号）同时废止。

附件 1

水泥熟料产能换算表

核心工艺设备	水泥回转窑外径	水泥熟料产能（吨/天）
新型干法回转窑	ϕ=2.8 米	500
	ϕ=3.0 米	800
	ϕ=3.2 米	1000
	ϕ=3.5 米	1500
	ϕ=4.0 米	2500
	ϕ=4.3 米	3000
	ϕ=4.6 米	4000
	ϕ=4.8 米	5000
	ϕ=5.2 米	6000
	ϕ=5.6 米	8000
	ϕ=6.4 米	10000

备注：1. 对于变径窑，按其最大窑径核定产能。

2. 窑径在上表中两档之间的，按插值法推算其产能。

3. 年产量天数按 300 天计。

附件 2

平板玻璃熔窑产能换算表（略）

附件 3

××公司日产××吨（水泥熟料/平板玻璃）建设项目产能置换方案

<table>
<tr><td colspan="6">建设项目情况</td></tr>
<tr><td colspan="2">企业名称</td><td colspan="3">项目名称</td><td>建设地点</td></tr>
<tr><td colspan="2"></td><td colspan="3"></td><td></td></tr>
<tr><td colspan="2">拟建主体设备（生产线）名称、规格型号及数量</td><td>设计产能（t/d）</td><td>置换指标产能（t/d）</td><td>计划点火投产时间</td><td>置换比例</td></tr>
<tr><td colspan="2"></td><td></td><td></td><td></td><td></td></tr>
<tr><td colspan="6">出让产能情况</td></tr>
<tr><td rowspan="6">项目1……</td><td>企业名称</td><td>项目地址</td><td>统一社会信用代码</td><td>备案或核准文件</td><td>生产许可证号（有效期）（水泥填写）</td></tr>
<tr><td></td><td></td><td></td><td></td><td></td></tr>
<tr><td>主体设备（生产线）名称、规格型号及数量</td><td>备案或核准文件设计产能（t/d）</td><td>实际产能（t/d）</td><td>核定产能（t/d）</td><td>用于本项目置换产能（t/d）</td></tr>
<tr><td></td><td></td><td></td><td></td><td></td></tr>
<tr><td>是否享受奖补资金和政策支持</td><td>产能指标是否重复使用</td><td>排污许可证号（有效期）</td><td>关停时间（新线点火投产前）</td><td>拆除退出时间（新线点火投产前）</td></tr>
<tr><td></td><td></td><td></td><td></td><td></td></tr>
</table>

附件 4

××公司日产××吨（水泥熟料/平板玻璃）生产线产能出让方案

<table>
<tr><td colspan="6">出让产能情况</td></tr>
<tr><td rowspan="5">项目1……</td><td>企业名称</td><td>项目地址</td><td>统一社会信用代码</td><td>备案或核准文件</td><td>生产许可证号（有效期）（水泥填写）</td></tr>
<tr><td></td><td></td><td></td><td></td><td></td></tr>
<tr><td>主体设备（生产线）名称、规格型号及数量</td><td>备案或核准文件设计产能（t/d）</td><td>实际产能（t/d）</td><td>核定产能（t/d）</td><td>用于本项目置换产能（t/d）</td></tr>
<tr><td></td><td></td><td></td><td></td><td></td></tr>
<tr><td>是否享受奖补资金和政策支持</td><td>产能指标是否重复使用</td><td>排污许可证号（有效期）</td><td>关停时间（新线点火投产前）</td><td>拆除退出时间（新线点火投产前）</td></tr>
<tr><td colspan="6">拟建设项目情况</td></tr>
<tr><td colspan="2">企业名称</td><td colspan="3">项目名称</td><td>建设地点</td></tr>
<tr><td colspan="2"></td><td colspan="3"></td><td></td></tr>
<tr><td colspan="2">拟建主体设备（生产线）名称、规格型号及数量</td><td>设计产能（t/d）</td><td>置换指标产能（t/d）</td><td>计划点火投产时间</td><td>置换比例</td></tr>
<tr><td colspan="2"></td><td></td><td></td><td></td><td></td></tr>
</table>

附件 5

××公司日产××吨（光伏压延）玻璃建设项目信息公告（略）

2.2

《水泥玻璃行业产能置换实施办法》解读

一、为什么要修订产能置换实施办法?

产能置换是利用市场化、法治化手段推动水泥玻璃行业供给侧结构性改革、化解过剩产能的有效手段。《水泥玻璃行业产能置换实施办法》(工信部原〔2017〕337号,以下简称《置换办法》)自2017年年底发布实施以来,执行总体情况较好。通过产能置换严禁新上扩大产能项目,有效遏制产能无序扩张,对化解过剩产能、调整产业布局、推动兼并重组、提升技术装备水平、节能减排等方面起到积极推动作用。

但是,《置换办法》实施三年来也暴露出一些问题:一是部分内容与新阶段新要求不相适应,如水泥置换比例较低,不适应行业技术进步和碳达峰要求;二是部分操作程序相对笼统,如对产能公告时间及格式的规定还不够明晰等;三是实践中积累的部分有益做法需要补充完善吸收到《置换办法》中,以有利于更好地巩固去产能成果。

因此,为适应水泥玻璃行业发展新形势,贯彻新发展理念,构建新发展格局,更好地推动高质量发展,按照工作计划,我部对原产能置换实施办法进行修订,出台了《水泥玻璃行业产能置换实施办法》(工信部原〔2021〕80号,以下简称

《办法》)，自 2021 年 8 月 1 日起实施。

二、修订的主要内容有哪些?

《办法》按照市场主导、有保有压、规范操作的原则，主要在以下三个方面进行了修订：

（一）置换比例和置换范围根据新形势做了调整。一是提高了水泥项目产能置换比例，大气污染防治重点区域水泥项目由 1.5∶1 调整至 2∶1，非大气污染防治重点区域由 1.25∶1 调整至 1.5∶1。二是加大低效产能压减力度，对产业结构调整目录限制类的水泥产能以及跨省置换水泥项目，产能置换比例一律不低于 2∶1。三是鼓励固废综合利用，湖北、贵州等五省磷（钛、氟）石膏生产水泥项目产能可实施等量置换。四是保障光伏发展需要，新上光伏压延玻璃项目不再要求产能置换。

（二）产能指标的认定更加严格。一是强调了产能指标必须在各省按年度更新并公告的本地区生产线清单内。二是为避免“僵尸产能”复活，规定连续停产两年及以上的水泥熟料、平板玻璃生产线不能用于产能置换。三是明确跨省置换应召开听证会，接受公众和媒体监督。

（三）产能置换操作程序更加规范。一是明确了产能置换方案的公告内容和格式，增加了产能出让方案表、产能置换方案表等。二是明确了产能置换发生变更的处理程序。三是明确年产能按 300 天核算。

三、哪些水泥玻璃项目建设必须实施产能置换?

按照《办法》要求，所有扩大产能的水泥熟料、平板玻璃项目，必须制定产能置换方案，实施产能置换。《工业和信息化部 国家发展改革委关于印发水泥行业部分项目处理意见的通知》

（工信部联原〔2016〕118 号）明确由地方视情处理、但尚未开展产能置换的在建项目，也需按照本办法制定产能置换方案。

四、哪些情形可不制定产能置换方案？

按照《办法》要求，不扩大产能的技改、搬迁可不制定产能置换方案，例如，同一厂区内两条生产线在原厂区内实施技术改造“拆二合一”；再例如，因地方轨道交通、公路、机场、水利建设、生态保护或城市规划要求退城入园等导致不属于国家明令淘汰的落后产能的生产装置迁建的水泥项目。同时，《办法》还明确了熔窑能力不超过 150 吨/天的新建工业用平板玻璃项目和光伏压延玻璃项目可不制定产能置换方案。

五、产能置换指标有哪些要求？

用于置换的水泥熟料、平板玻璃生产线产能必须是合规的有效产能（含经省级工业和信息化主管部门审批已实施窑炉技术改造，并经省级行业协会等组织鉴定过的 JT 窑），且各地省级工业和信息化主管部门需在每年 3 月 31 日前更新并公告本地区截止上年底的水泥熟料、平板玻璃生产线清单（包括企业名称、生产线名称、窑径、备案或核准产能、实际产能、建成投产日期等），指标须在清单内。同时，存在《办法》第七条规定的情形之一的，不能用于产能置换：

（一）已超过国家明令淘汰期限的落后产能，已享受产能退出补贴的生产线，无水泥产品生产许可证或许可证过期，未依法取得排污许可证或许可证过期的水泥熟料产能。

（二）违反错峰生产规定被省级及以上工业和信息化主管部门或环保部门约谈后拒不改正的水泥企业所涉及的熟料产能。

（三）2013 年以来，连续停产两年及以上的水泥熟料、平板玻璃生产线产能（因省级主管部门制定或同意的错峰生产方案以及因地方规划调整导致此情况的除外）。

（四）光伏压延玻璃产能。

六、退出产能如何核定？

产能核定涉及退出和新建两个方面，是推动科学置换、公平置换的重要工作。《办法》中已有明确的核定标准。用于置换的产能指标，依据项目备案或核准文件上的设计产能和实际建成产能确定，两者谁小按谁核定。JT 窑产能按照项目核准或备案文件确定，文件没有明确的应根据上一年度实际产能据实核算。

七、平板玻璃置换比例为什么没有变化？

平板玻璃产品用途较广，广泛应用于建筑装饰装修、汽车、家电、设施农业等领域，近年来，棚改、老旧小区改造等大规模推广两玻或三玻等节能门窗，使得建筑领域玻璃需求增长较为明显。特别是 2021 年以来，受国内市场需求恢复、阶段性供应偏紧、发达经济体货币宽松等多重因素影响，平板玻璃价格涨幅较大。为促进玻璃行业稳定运行，保持产业链供应链稳定，综合考虑，保持平板玻璃产能置换比例不变。

八、为什么光伏压延玻璃不实行产能置换？

我国二氧化碳排放力争 2030 年前达到峰值，力争 2060 年前实现碳中和，是党中央经过深思熟虑作出的重大战略决策，事关中华民族永续发展和构建人类命运共同体。在当前碳达峰、碳中和大背景下，考虑光伏产业发展需要，以及玻璃产能情况，我们对光伏玻璃需求进行了预测，预计到2025年，光伏压延玻璃缺口较大，光伏玻璃产能的结构性短缺问题已经显现。因此，综合考虑，为有利于保障光伏新能源发展，促进我国能源结构调整，《办法》对光伏玻璃产能置换实行差别化政策，新上光伏玻璃项目不再要求产能置换，但要建立产能风险预警机制，新建项目由省级工业和信息化主管部门委托全国性的行业组织或中介机构召开听证会，论证项目建设的必要性、技术先进性、能耗水平、环保水平等，并公告项目信息，项目建成投产后企业履行承诺不生产建筑玻璃，具体文件会另行发布。

九、遇到司法拍卖如何操作？

当遇到人民法院拟启动变价程序对水泥熟料、平板玻璃产能进行强制置换时，被执行人所属的省级工业和信息化主管部门配合人民法院，对司法拍卖强制置换的水泥熟料、平板玻璃产能进行核实，确认可否用于置换，按照《办法》第六条、第七条出具书面意见。强制置换产能跨省的，被执行人所属省级工业和信息化主管部门依人民法院送达的协助执行通知书进行公示、公告。

十、原产能置换方案如何处置和变更？

为了提高产能置换工作效率，促进产业政策的有效衔接和平稳过渡，对于2021年8月1日之前省级工业和信息化主管部门已经受理的产能置换方案，以及已完成省级工业和信息化主管部门产能出让公告的跨省转移产能，可按原办法即工信部原〔2017〕337号文件继续执行；对于2021年8月1日之后，按照原办法已完成公示、公告的产能置换方案需要进行变更的，须按照《办法》重新开展产能置换工作。

十一、未按要求实施产能置换如何处理？

为促进各方规范实施水泥、玻璃产能置换工作，工业和信息化部将会同相关部门采取多种形式强化事中事后监管，组织抽查各省公告的产能置换方案执行情况，对产能置换方案核实把关不严、监督落实不到位的地区，责令限期整改，并依照法律法规追究相关人员责任。各地工业和信息化主管部门将进一步畅通举报渠道，及时在门户网站上向社会公开电话、传真、电子邮箱、网络等多种举报形式，接受社会监督。鼓励行业协会、媒体和公众对产能置换方案执行情况和建设项目情况开展监督。

对发现未按要求实施产能置换、审核置换方案不严、落实产能置换不到位等违反办法的情形，从三个层面进行处理，一是对水泥、玻璃产能置换过程中存在弄虚作假、“批小建大”等失信行为的企业、设计咨询单位和评估机构，依据《企业投资项目核准和备案管理条例》《工业和信息化部办公厅 国家发展改革委办公厅关于严肃产能置换严禁水泥平板玻璃行业新增产能的通知》（工信厅联原〔2018〕57 号）依法依规进行处罚，并提请有关方面联合惩戒；二是对审核把关不严、监督落实不到位等问题严重的地区，将作为负面典型向全国通报；三是对产能置换方案审核把关、监督落实等工作中存在失职、渎职等行为的个人，将提请相关部门依法依纪追究相关责任。

（中华人民共和国工业和信息化部原材料工业司）

2.3

水泥产能置换方案听证程序实施办法

中水协字〔2018〕100 号

各省、自治区、直辖市水泥（建材）协会、各水泥企业：

根据《工业和信息化部办公厅 国家发展改革委办公厅关于严肃产能置换 严禁水泥平板玻璃行业新增产能的通知》（工信厅联原〔2018〕57 号）“对跨省开展产能置换的，公示前应由项目建设地省级主管部门委托全国性的行业组织或中介机构召开听证会”相关要求，我会制订了《中国水泥协会行业听证程序实施暂行办法》（中水协字〔2018〕68 号）（以下简称：《暂行办法》），经深入广泛征求意见和实践，在《暂行办法》基础上制定了《水泥产能置换方案听证程序实施办法》（以下简称：《实施办法》），现印发给你们，即日起施行。

附件：1. 水泥产能置换方案听证程序实施办法

2. 产能置换方案听证专家、代表意见表

中国水泥协会

2018 年 11 月 28 日

附件 1

水泥产能置换方案听证程序实施办法

中国水泥协会根据《工业和信息化部办公厅　国家发展改革委办公厅关于严肃产能置换　严禁水泥平板玻璃行业新增产能的通知》（工信厅联原〔2018〕57 号）相关要求，依照有关政府决策听证程序，制定本实施办法，旨在对项目建设地省级主管部门委托的跨省产能置换方案合法性、合规性，置换指标的真实性，听取各方意见和建议，作出公开、公平、公正的行业听证意见。

一、听证受理及公告报名

第一条　受托方在收到省级行业主管部门听证委托函 3 个工作日内给予书面答复，向委托方提交资质证明材料和听证工作方案，通知建设项目当事人。

第二条　产能置换方案相关资料初审，主要包括但不限于以下内容：

（一）建设项目企业名称、拟建主体设备（生产线）规格型号及数量、设计产能、置换产能、建设地点、计划点火投产时间。

（二）置换指标退出项目企业名称、项目地址、备案或核准文件的设计产能、实际产能、核定产能、生产许可证、主体设备（生产线）规格型号及数量、关停和拆除退出时间，无享受奖补资金和政策支持的证明、产能指标无重复使用的证明。

第三条 听证会召开前，受托方与委托方联合发布组织听证会的公告，邀请专家并接受参加人员报名。

听证会公示公告主要包括但不限于以下内容：

（一）听证事项。

（二）拟定的听证会时间和地点。

（三）听证组织单位。

（四）听证会参加人员及产生方式。

（五）报名时间、期限、方式及报名表。

（六）产能置换方案。

二、听证参加人员

第四条 听证会召开前，受托方与委托方联合发布听证会参加人员名单的公告。

参加人员公示公告的主要内容包括但不限于以下内容：

（一）听证主持人。

（二）听证记录人。

（三）听证陈述人。

（四）听证监察人。

（五）行政管理机关相关人员。

（六）听证专家、代表：行业专家、利害关系人、社会普通公众代表。

（七）旁听人。

第五条 听证会主持人、记录人由中国水泥协会指定，须对听证事项保持相对中立性与公开性。

第六条 听证会行业专家由中国水泥协会及委托方共同推荐。

第七条 利害关系人、社会普通公众代表、旁听人报名人数超出限额，可通过随机选取方式产生。

三、听证事项范围

第八条 跨省水泥熟料建设项目置换方案听证范围：是否严格执行了国家有关法律法规、有关部门及省级人民政府出台的化解过剩产能和产能置换等文件，是否符合《国务院关于化解产能严重过剩矛盾的指导意见》（国发〔2013〕41号）、《国务院办公厅关于促进建材工业稳增长调结构增效益的指导意见》（国办发〔2016〕34号）、《工业和信息化部 发展改革委关于印发水泥行业部分项目处理意见的通知》（工信部联原〔2016〕118号）、《工业和信息化部关于印发钢铁水泥玻璃行业产能置换实施办法的通知》（工信部原〔2017〕337号）、《工业和信息化部办公厅 国家发展改革委办公厅关于严肃产能置 换严禁水泥平板玻璃行业新增产能的通知》（工信厅联原〔2018〕57号）。

四、公开听证

第九条 听证遵循公开、公正和效率的原则，保障建设项目单位合法权益。

第十条 允许公众参加旁听。鼓励新闻媒体报道和社会监督。

五、听证陈述与质证

第十一条 主持人宣读听证会纪律、核实身份和告知听证参加人员权利及义务。

第十二条 听证陈述人说明产能置换方案，展示证明材料。

第十三条 听证专家、代表询问和发表意见。

第十四条 听证陈述人解释和质证，行政管理机关相关人员和项目单位补充说明。

第十五条 听证代表、专家填写听证意见表。听证监察人核实听证意见统计结果。

第十六条 听证代表、监察人根据现场录音核实听证会笔录并签字。

第十七条 主持人总结归纳代表的主要观点、意见和建议，宣布听证意见。

第十八条 三分之二及以上听证专家、代表同意，即为产能置换方案通过。

六、听证报告

第十九条 听证会后，受托方向委托方提交《关于产能置换方案听证会的报告》。

七、附则

第二十条 本办法即日起施行。

附件 2

产能置换方案听证专家、代表意见表

时间：　年　月　日

<table>
<tr><td>姓　名</td><td></td><td>单　位</td><td colspan="2"></td></tr>
<tr><td>职务/职称</td><td></td><td>听证身份</td><td colspan="2">□专家　　□代表</td></tr>
<tr><td colspan="2">项目名称</td><td colspan="3"></td></tr>
<tr><td colspan="2" rowspan="2">证明材料是否完备</td><td>完备</td><td>不完备</td><td>不清楚</td></tr>
<tr><td></td><td></td><td></td></tr>
<tr><td colspan="2" rowspan="2">建设项目设计产能与置换产能是否符合置换比例</td><td>符合</td><td>不符合</td><td>不清楚</td></tr>
<tr><td></td><td></td><td></td></tr>
<tr><td colspan="2" rowspan="2">产能指标退出项目生产许可证是否有效</td><td>在有效期内</td><td>已过有效期</td><td>不清楚</td></tr>
<tr><td></td><td></td><td></td></tr>
<tr><td colspan="2" rowspan="2">产能指标退出项目是否享受奖补资金和政策支持</td><td>否</td><td>获得过</td><td>不清楚</td></tr>
<tr><td></td><td></td><td></td></tr>
<tr><td colspan="2" rowspan="2">产能指标是否重复使用</td><td>否</td><td>重复使用</td><td>不清楚</td></tr>
<tr><td></td><td></td><td></td></tr>
<tr><td colspan="2" rowspan="2">退出产能是否承诺在建设项目投产前关停</td><td>是</td><td>否</td><td>不清楚</td></tr>
<tr><td></td><td></td><td></td></tr>
<tr><td colspan="2" rowspan="2">退出产能是否承诺在建设项目投产一年内拆除退出</td><td>是</td><td>否</td><td>不清楚</td></tr>
<tr><td></td><td></td><td></td></tr>
<tr><td colspan="2" rowspan="2">产能置换方案合法合规</td><td>同意</td><td>不同意</td><td>择期再议</td></tr>
<tr><td></td><td></td><td></td></tr>
<tr><td colspan="2">不同意的理由</td><td colspan="3"></td></tr>
</table>

监察人签字：　　　　填写人签字：

2.4

产业结构调整指导目录(2019年本)(节选)

第一类　鼓励类

十二、建材

1. 利用不低于2000吨/日（含）新型干法水泥窑或不低于6000万块/年（含）新型烧结砖瓦生产线协同处置废弃物，水泥窑协同处置垃圾焚烧飞灰使用水洗工艺脱盐预处理；新型干法水泥窑生产硫（铁）铝酸盐水泥、铝酸盐水泥、白色硅酸盐水泥等特种水泥工艺技术及产品的研发与应用；新型静态水泥熟料煅烧工艺技术的研发与应用；新型干法水泥窑替代燃料技术、烟气二氧化碳捕集纯化技术的研发与应用；水泥外加剂的开发与应用；粉磨系统节能改造（水泥立磨、生料辊压机终粉磨等）；水泥包装自动插袋机、包装机、装车机开发与应用。

2. 规模不超过150吨/日（含）的电子信息产业用超薄基板玻璃、触控玻璃、高铝盖板玻璃、载板玻璃、导光板玻璃生产线、技术装备和产品；高硼硅玻璃，微晶玻璃；交通工具和太阳能装备用铝硅酸盐玻璃；大尺寸（1平方米及以上）铜铟镓硒和碲化镉等薄膜光伏电池背电极玻璃；节能、安全、显示、智能调控等功能玻璃产品及技术装备；连续自动化真空玻璃生产线；玻璃熔窑用全氧/富氧燃烧技术；一窑多线平板玻璃生产技术与装备；玻璃熔窑用低导热熔铸锆刚玉、长寿命（12 年及以上）无铬碱性高档耐火材料。

3. 适用于装配式建筑的部品化建材产品；低成本相变储能墙体材料及墙体部件；光伏建筑一体化部品部件；岩棉复合材料制品/部品；气凝胶节能材料；A 级阻燃保温材料制品，建筑用复合真空绝热保温材料，保温、装饰等功能一体化复合板材，桥梁隧道、地下管廊、岛礁设施、海工设施等领域用长寿命防水防腐阻燃复合材料，改性沥青防水卷材、高分子防水卷材、水性或高固含量防水涂料等新型建筑防水材料；功能型装饰装修材料及制品，绿色无醛人造板以及路面砖（板）、路面透水砖（板）、广场透水砖（板）、装饰砖（砌块）、仿古砖、护坡生态砖（砌块）、水工生态砖（砌块）等绿色建材产品技术开发与生产应用。

4. 陶瓷集中制粉、陶瓷园区清洁煤制气生产技术开发与应用；单块面积大于 1.62 平方米（含）的陶瓷板生产线和工艺装备技术开发与应用；利用尾矿、废弃物等生产的轻质发泡陶瓷隔墙板及保温板材生产线和工艺装备技术开发与应用。

5. 一次冲洗用水量 6 升及以下的坐便器、蹲便器，节水型生活用水器具及节水控制设备，智能坐便器、卫浴集成系统，满足装配式要求的整体卫浴部品开发与生产。

6. 8 万吨/年及以上无碱玻璃纤维粗纱（单丝直径＞9 微米）池窑拉丝技术，5 万吨/年及以上无碱玻璃纤维细纱（单丝直径≤9 微米）池窑拉丝技术，超细、高强高模、耐碱、低介电、高硅氧、可降解、异形截面等高性能玻璃纤维及玻纤制品技术开发与生产；玄武岩纤维池窑拉丝技术；碳化硅纤维、复合纤维；航空航天、环保、海工、电工电子、交通、能源、建筑、物联网、畜牧养殖等领域用热塑性、热固性复合材料产品及其高效成型制备工艺和装备；树脂基复合材料废弃物回收利用技术与装备；20 万吨/年及以上矿物原料粉体加工生产线。

7. 使用合成矿物纤维、芳纶纤维等作为增强材料的无石棉摩擦、密封材料新工艺、新产品开发与生产。

8. 信息、新能源、国防、航天航空等领域用高品质人工晶体材料、制品和器件，功能性人造金刚石材料生产装备技术开发；高纯石英原料（纯度大于等于 99.999%）、半导体用高端石英坩埚、化学气相合成石英玻璃等制造技术开发与生产；航天航空等领域所需的特种玻璃制造技术开发与生产；高纯纳米级球形硅微粉与高纯工业硅的生产、应用及其技术装备开发与应用。

9. 石墨烯材料生产及应用开发；环境治理、节能储能、电子信息、保温隔热、农业用等非金属矿物功能材料生产及其技术装备开发应用；矿物超细材料加工在线检测与控制智能化生产线；非金属矿开采、加工、贸易、应用、投资等产业大数据平台技术开发和建设。

10. 30 万平方米/年及以上超薄复合石材生产；机械化石材矿山开采；矿石碎料和板材边角料、石粉综合利用生产及工艺装备开发；无机人造石的生产，采用无毒或低毒树脂的树脂基人造石的生产。

11. 利用矿山尾矿、建筑废弃物、工业废弃物、江河湖（渠）海淤泥以及农林剩余物等二次资源生产建材及其工艺技术装备开发。

12. 精细陶瓷粉体、适用于增材制造的陶瓷前驱体及陶瓷短切纤维；陶瓷球、陶瓷阀门、陶瓷螺杆等精密成型的陶瓷部件；

陶瓷膜、蜂窝陶瓷、泡沫陶瓷；陶瓷基板、陶瓷绝缘部件、电子陶瓷材料及部件；连续陶瓷纤维及纤维增强陶瓷基复合材料；医用精细陶瓷材料及部件；陶瓷墨水材料；精密研磨及抛光用陶瓷材料等工业陶瓷技术开发与生产应用；信息、新能源、国防、航空航天等领域用高性能陶瓷的制造技术开发与生产。

13. 储料区、主机搅拌楼、物料输送系统等主要生产区域实现全封闭，并配置主动式收尘、降尘设备，采用信息化集成管理系统进行运营管理，具备消纳城市固废能力的智能化预拌混凝土生产线；海洋工程用混凝土、轻质高强混凝土、超高性能混凝土、混凝土自修复材料的开发和应用。

14. 用于工程或装备的建材产品质量追溯体系开发与应用。

第二类　限制类

九、建材

1. 2000 吨/日（不含）以下新型干法水泥熟料生产线（特种水泥生产线除外），60 万吨/年（不含）以下水泥粉磨站。

2. 150 万平方米/年及以下的建筑陶瓷（不包括建筑琉璃制品）生产线。

3. 60 万件/年（不含）以下的隧道窑卫生陶瓷生产线。

4. 3000 万平方米/年（不含）以下的纸面石膏板生产线（西藏除外）。

5. 中碱玻璃纤维池窑法拉丝生产线；单窑规模小于 8 万吨/年（不含）的无碱玻璃纤维粗纱池窑拉丝生产线；中碱、无碱、耐碱玻璃球窑生产线；中碱、无碱玻璃纤维代铂坩埚拉丝生产线。

6. 黏土空心砖生产线（陕西、青海、甘肃、新疆、西藏、宁夏除外）。

7. 15万平方米/年（不含）以下的石膏（空心）砌块生产线、单班5万立方米/年（不含）以下的混凝土小型空心砌块以及单班15万平方米/年（不含）以下的混凝土铺地砖固定式生产线、5万立方米/年（不含）以下的人造轻集料（陶粒）生产线。

8. 15万立方米/年（不含）以下的加气混凝土生产线。

9. 6000万标砖/年（不含）以下的烧结砖及烧结空心砌块生产线。

10. 3万吨/年以下岩（矿）棉制品生产线和8000吨/年以下玻璃棉制品生产线。

11. 100万米/年及以下预应力高强混凝土离心桩生产线。

12. 预应力钢筒混凝土管（简称PCCP管）生产线（PCCP-L型：年设计生产能力≤50千米；PCCP-E型：年设计生产能力≤30千米）。

第三类　淘汰类

注：条目后括号内年份为淘汰期限，淘汰期限为2020年12月31日是指应于2020年12月31日前淘汰，其余类推；有淘汰计划的条目，根据计划进行淘汰；未标淘汰期限或淘汰计划的条目为国家产业政策已明令淘汰或立即淘汰。

一、落后生产工艺装备

（八）建材

1. 干法中空窑（生产铝酸盐水泥等特种水泥除外），水泥机立窑，立波尔窑、湿法窑。

2. 直径 3 米（不含）以下水泥粉磨设备（生产特种水泥除外）。

3. 无覆膜塑编水泥包装袋生产线。

4. 平拉工艺平板玻璃生产线（含格法）。

5. 100 万平方米/年（不含）以下的建筑陶瓷砖、20 万件/年（不含）以下卫生陶瓷生产线。

6. 建筑卫生陶瓷（不包括建筑琉璃制品）土窑、倒焰窑、多孔窑、煤烧明焰隧道窑、隔焰隧道窑、匣钵装卫生陶瓷隧道窑。

7. 建筑陶瓷砖成型用的摩擦压砖机。

8. 玻璃纤维陶土坩埚拉丝生产工艺与装备。

9. 1000 万平方米/年（不含）以下的纸面石膏板生产线。

10. 500 万平方米/年（不含）以下的改性沥青类防水卷材生产线；500 万平方米/年（不含）以下沥青复合胎柔性防水卷材生产线；100 万卷/年（不含）以下沥青纸胎油毡生产线。

11. 石灰土立窑。

12. 砖瓦轮窑（2020 年 12 月 31 日）以及立窑、无顶轮窑、马蹄窑等土窑。

13. 普通挤砖机。

14. SJ1580-3000 双轴、单轴制砖搅拌机。

15. SQP400500-700500 双辊破碎机。

16. 1000 型普通切条机。

17. 100 吨以下盘转式压砖机。

18. 手工制作墙板生产线。

19. 简易移动式砼砌块成型机、附着式振动成型台。

20. 单班1万立方米/年以下的混凝土砌块固定式成型机、单班10万平方米/年以下的混凝土铺地砖固定式成型机。

21. 人工浇筑、非机械成型的石膏（空心）砌块生产工艺。

22. 真空加压法和气炼一步法石英玻璃生产工艺装备。

23. 生产人造金刚石用6×6兆牛顿六面顶小型压机。

24. 手工切割加气混凝土生产线、非蒸压养护加气混凝土生产线。

25. 非烧结、非蒸压粉煤灰砖生产线。

26. 装饰石材矿山硐室爆破开采技术、吊索式大理石土拉锯、移动式小型圆盘锯。

二、落后产品

（五）建材

1. 使用非耐碱玻纤或非低碱水泥生产的玻纤增强水泥（GRC）空心条板。

2. 陶土坩埚拉丝玻璃纤维和制品及其增强塑料（玻璃钢）制品。

3. 25A空腹钢窗。

4. S-2型混凝土轨枕。

5. 一次冲洗最大用水量8升以上的坐便器。

6. 角闪石石棉（即蓝石棉）。

7. 非机械生产的中空玻璃、双层双框各类门窗及单腔结构型的塑料门窗。

8. 采用二次加热复合成型工艺生产的聚乙烯丙纶类复合防水卷材、聚乙烯丙纶复合防水卷材（聚乙烯芯材厚度在0.5mm以下）；棉涤玻纤（高碱）网格复合胎基材料、聚氯乙烯防水卷材（S 型）。

9. 石棉绒质离合器面片、合成火车闸瓦，石棉软木湿式离合器面片。

2.5

2021 年水泥行业结构调整发展报告

水泥是建筑材料中最重要的基础原材料，对国民经济和社会发展有着重要的战略保障作用。水泥广泛应用于工业民用建筑、公路铁路、机场港口、水库大坝、石油、电力、海洋工程等领域。专用水泥在抗震救灾、防洪防汛、工程抢险、边防军事工程等方面发挥了作用。在未来相当长的时期内，水泥仍将是人类社会不可替代的主要建筑材料。

我国是世界上水泥产能和产量最大的国家。据中国水泥协会统计，截至 2020 年年底，全国新型干法水泥生产线累计有 1609 条（不包括日产 700 吨以下规模生产线），水泥熟料设计年产能（以备案或核准文件统计）18.3 亿吨，水泥熟料实际年产能（以关键生产设备回转窑窑径换算统计）超过 20 亿吨，水泥熟料产量 15.8 亿吨，水泥产量 23.77 亿吨，自 1985 年以来中国水泥产量一直稳居世界第一。

当前，水泥行业最主要的矛盾是提升先进产能比例的迫切需要和总体产能依然严重过剩之间的矛盾。行业供给侧结构性改革任务愈发艰巨，既要显著提升先进产能比例，又要加快推动低效产能退出。

“十四五”开局之年，因宏观经济中的投资波动与能源供应链的形态变化等因素，2021 年水泥企业成本大幅上升，市场需求明显下降。面对绿色能源革命、能耗双控工作、推进

"碳达峰""碳中和"和实现减污降碳协同增效的要求，面临总体水泥产能严重过剩矛盾没有明显改善的严峻局面，行业供给侧结构性改革任务愈发艰巨，水泥行业绿色低碳转型发展面临极大的挑战。当前市场需求遇冷，政策法规趋严，水泥行业要坚持执行常态化错峰生产和产能减量置换产业政策，坚定不移地推进行业供给侧结构性改革，以减污降碳为总抓手，提升先进产能比例，化解产能严重过剩矛盾。

一、水泥行业发展现状

"十三五"期间水泥行业效益持续稳增长，行业运行平稳。2019 年主营业务收入破万亿元大关，水泥产值占建材行业总产值的 40%，资产负债率企稳，投资回报率高于其他制造业，水泥熟料和水泥产量在"十三五"期间双双首增。2020 年，面对突如其来的新冠肺炎疫情，水泥行业运行短期受到较大影响，但在党中央、国务院统筹推进新冠肺炎疫情防控和经济社会发展的决策部署下，水泥行业有序推进复工复产，认真做好"六稳"工作、落实"六保"任务，实现销售收入 9960 亿元，利润 1833 亿元，与 2019 年相比基本持平。2021 年，水泥行业营业收入 10754 亿元，同比增长 7.3%，利润总额 1694 亿元，同比下降 10.0%。水泥企业集团目前估值整体水平不高，存在较大恢复空间。

二、水泥行业结构调整有序推进

"十三五"期间，水泥行业加大科技创新力度，在环境保护和智能制造数字转型方面取得显著成果；实施产能减量置换政策，有效遏制新增产能，引导一批不具备竞争优势的小规模生产线退出市场，大企业集团加大市场整合；坚持执行常态化错峰生产，有效地化解产能严重过剩矛盾，强化行业自律诚信，实现行业效益持续稳增长。

（一）先进产能总量和比例逐步提高

1. 产能布局不断优化

“十三五”期间，大型水泥企业集团通过联合重组、整合产权或经营权等手段提升产业集中度，产能集中度有所提升。截至2020年年底，中国前50家大企业集团的水泥熟料设计产能占全国总产能的76%，其中，前10家大企业集团的水泥熟料产能占全国总产能的57%，基本达到《国务院办公厅关于促进建材工业稳增长调结构增效益的指导意见》（国办发〔2016〕34号）“水泥熟料、平板玻璃产量排名前10家企业的生产集中度达60%左右”目标。在供给侧结构性改革和国企改革的双重推动下，水泥行业加快兼并重组，提高区域产业集中度开始布局。有18个省（直辖市、自治区）前三家大企业集团产业集中度超过60%。

2. 总体产能依然过剩

水泥熟料产能利用率由2015年的66.9%提高至2020年的77.5%，限于市场需求低于产能发挥，这远低于国家强制性标准GB 50295—2016《水泥工厂设计规范》规定的水泥回转窑运转率至少85%。

3. 规模化大型化凸显

2019—2020年水泥行业共公告产能置换项目59个，压减产能约1828万吨，2020年公告的新型干法建设项目平均单线规模约4900吨/日。2021年，56个项目公告了产能置换方案，如果项目全部落地，预计将压减产能1164万吨。近三年来，新建水泥项目平均单线规模近5000吨/日，通过产能置换淘汰日产2500吨及以下规模生产线342条。

按照生产许可证统计，目前除特种水泥熟料生产线和少许JT窑外，新型干法水泥产量比重已接近100%，实际产能在2500吨/日及以下的产能约占总产能的28%，2500吨/日～8000吨/日（含）约占70%，8000吨/日以上产能约占2%，生产通用水泥的新型干法窑单线平均规模提升至3605吨/日以上。

（二）先进产能的投资结构优化

1. 投资结构延伸，加大产业链多维投资

资本市场助力产业链延伸。水泥企业集团逐渐向上下游延伸拓展产业链，加大对矿山、砂石骨料、混凝土、预制件加工、装配式建筑、水泥外加剂等投资力度。2020中国砂石行业产能20强中水泥企业有7家，5强中水泥企业有4家。

中国建材集团发起设立新材料产业投资基金，聚焦新材料产业科研扶持和市场转化，构建新材料产业生态体系。

2. “一带一路”扩张布局

水泥企业集团继续在国外以投资建厂等形式进行国际产能合作。“十三五”期间，中国企业在海外投资合计投产23条水泥熟料生产线，合计熟料产能2688万吨，水泥产能3965万吨。

3. 水泥产品结构性调整加快，特种水泥市场升温

目前，抗硫酸盐硅酸盐水泥、核电工程用硅酸盐水泥、油井水泥、中热硅酸盐水泥、低热硅酸盐水泥、道路硅酸盐水泥、海工硅酸盐水泥等十余种专用水泥得到应用和推广。其中，“硫（铁）铝酸盐水泥、铝酸盐水泥、白色硅酸盐水泥等特种水泥工艺技术及产品的研发与应用”写入《产业结构调整指导目录（2019年本）》。目前特种水泥只有国家推荐性标准或行业标准，市场规模较小，今后可能针对军工领域和市场规

模相对较大、出口份额较多的特种水泥出台国家强制性标准。

熟料与水泥产品系数比将有所上升。2013—2020 年熟料与水泥系数比由 0.56 上升至 0.66，主要是因为 GB 175—2007《通用硅酸盐水泥》修改单取消了 32.5 强度等级复合硅酸盐水泥和 32.5（R）复合硅酸盐水泥。今后熟料与水泥系数比可能将稳步上升至 0.70，熟料产量增幅要略大于水泥产量增幅。这一是为了满足 GB 175《通用硅酸盐水泥》标准要求增加水泥中熟料的用量，更好地发挥高标号水泥的结构承重功能，二是市场已经习惯并认可日益增长的熟料与水泥系数比。

（三）先进产能创新能力提升

我国水泥行业是二氧化碳排放重点行业，占全国二氧化碳排放的 13%左右。水泥行业碳排放与熟料产量密切相关。2009—2020 年这十多年来，随着水泥熟料产量增加，我国水泥行业碳排放从 9.71 亿吨逐步达到 13.75 亿吨。

1. 能源结构低碳化，能效水平提高

“十三五”以来，水泥行业加大科技创新力度，科技创新能力不断增强，数字化智能化赋能绿色发展。2020 年熟料产能排名前两家企业集团（中国建材集团、海螺水泥股份）的研发费用都同比增加超过 40%。先进产能的科技成果转化加强。

与 2015 年相比，2020 年规模以上企业吨水泥熟料综合能耗下降 3.6%。根据工信部 2020 年重点用能行业能效“领跑者”统计，水泥企业可比熟料综合能耗最低为 91.75kgce/t，上榜企业的可比熟料综合能耗基本在 100kgce/t 之内。

2. 应用新能源比例提升

我国“十四五”时期严格合理控制煤炭消费增长、“十五五”时期逐步减少。2021 年 12 月 8 日至 10 日的中央经济工作会议指出，要科学考核，新增可再生能源和原料用能不纳入能源消费总量控制。对于水泥行业，节煤节电、煤炭清洁利用依然重要。要进一步适应煤电减量的能源结构调整，大幅度提高绿色能源、可替代能源的使用比例，推动能源清洁低碳安全高效利用。太阳能、风电、生物质能、高效储能技术等零碳绿色能源应用技术有较大空间。目前水泥窑利用生物质燃料技术开始推广，燃煤替代率可达40%以上。

我国大规模水泥熟料生产线一般都配备自有矿山，水泥厂区面积较大，同时光伏建设技术日趋成熟，这是实现开发建设屋顶分布式光伏的有利条件。

目前新能源光储一体化项目投资约10亿元以上，采取“自发自用，余电上网”的模式，整个工程可光伏发电15亿兆瓦左右的，实现4兆瓦光储，年发电量至少在2000万度以上，满足水泥厂20%以上用电需求。

对于水泥行业，光伏发电将成为继大规模成熟运用余热发电技术之后的新增长极，也将成为应用新能源的较优选择。

3. 能耗双控日趋严格，煤炭减量替代工作加强

2021年8月12日，国家发展改革委办公厅印发《2021年上半年各地区能耗双控目标完成情况晴雨表》，能耗强度降低预警等级为一级的省（区），根据《固定资产投资项目节能审查办法》（国家发展改革委令第44号），对能耗强度不降反升的地区（地级市、州、盟），2021年暂停“两高”项目节能审查（国家规划布局的重大项目除外）。

《中共中央 国务院关于深入打好污染防治攻坚战的意见》要求“十四五”时期，京津冀及周边地区、长三角地区煤炭消费量分别下降10%、5%左右，汾渭平原煤炭消费量实现负增长。

前期《中共中央 国务院关于全面加强生态环境保护 坚决

打好污染防治攻坚战的意见》要求到2020年，北京、天津、河北、山东、河南及珠三角区域煤炭消费总量比2015年均下降10%左右，上海、江苏、浙江、安徽及汾渭平原煤炭消费总量均下降5%左右。国家发展改革委等六部门曾联合发布公告，对2019年煤炭消费量不降反增的地区给予通报批评。

目前能耗强度降低预警等级为一级以及煤炭减量替代工作无法达标的地区，基本缓建或停建水泥项目。

（四）先进产能资源管控力度增强

1. 资源结构整合，注重核心生产要素

目前水泥能耗进一步降低的潜力有限，需要进一步鼓励能够有效提高资源综合利用水平、加大替代原燃料比例的手段。矿山资源稀缺，采矿权价格高涨，有的超过20元/吨。资源综合利用水平不断提升，水泥行业每年可消纳工业废渣约8亿吨。160余条生产线配套水泥窑协同处置生活垃圾、污泥、危险废物等装备。今后水泥窑协同处置覆盖率将大幅度提升，这种提升资源综合利用水平、替代原燃料成熟技术将成为水泥行业新的增长点。

2. 顺应交通运输和用地结构调整

《中共中央 国务院关于深入打好污染防治攻坚战的意见》提出“全国基本淘汰国三及以下排放标准汽车，推动氢燃料电池汽车示范应用，有序推广清洁能源汽车”。《关于加强高耗能、高排放建设项目生态环境源头防控的指导意见》指出“大宗物料优先采用铁路、管道或水路运输，短途接驳优先使用新能源车辆运输”。目前污染防治重点区域尤其是河北、河南等地，积极推动新能源车辆运输水泥产品。与此同时，大集团逐步建立智慧物流体系，进一步降低运营成本和流通过程碳排放。

山东省新旧动能转换综合试验区建设领导小组印发《全省落实“三个坚决”行动方案（2021—2022 年）》（鲁动能〔2021〕3 号）提出，水泥行业效益标准为单位用地税收 0.075 万元/亩、单位能耗税收 0.042 万元/吨标煤、人均主营业务收入 118.1 万元/人（省定标准）。《中共中央 国务院发布关于支持浙江高质量发展建设共同富裕示范区的意见》指出“坚持最严格的耕地保护制度和最严格的节约用地制度”。

山东省是国务院批复的新旧动能转换综合试验区，浙江省是中共中央支持的高质量发展建设共同富裕示范区，分别提出了单位用地税收和坚持“亩均论英雄”的措施。单位用地税收和坚持“亩均论英雄”的措施经过实践和总结后可能会在全国范围内推广。土地这一生产要素对于水泥工业来说约束性极强，今后用地结构调整这一措施将不断加快水泥行业产能布局优化、产业集中度提升、规模化大型化等产业结构调整的步伐，推动水泥工业的高质量发展。

（五）先进产能的市场综合竞争能力提升

市场结构优化，市场空间结构延展。在推行错峰生产过程中，水泥行业自律意识增强，北方地区水泥企业错峰生产停窑时间达到 160～180 天，产业政策为保障供应链稳定和供需动态平衡创造了条件。大集团发挥产能布局优化和供应链优势主动承担社会责任，为南北地区市场均衡发展做出贡献。

三、科技创新能力明显增强，智能制造领航

“十三五”期间，水泥企业在科技创新方面的投资力度明显加大，创新能力明显提升，获得“建筑材料科学技术奖”53 项，其中基础研究类获一等奖 7 项，二等奖 9 项；技术发明类一等奖 1 项，二等奖 3 项；科技进步类一等奖 10 项，二等奖

20项，三等奖3项。

目前，水泥排放限值和能耗限额标准均已达到国际先进甚至领先水平。水泥行业在引进、消化、吸收先进技术工艺等方面有了长足发展，新型干法窑系统、分解炉、预热器、粉磨设备，辊压机、篦冷机等设备能够实现百分百国产化，大型水泥企业越来越重视智能控制系统技术的应用，持续投资节能环保降碳、矿山智能钻爆、水泥窑协同处置危废、智能工厂、智慧物流、二氧化碳捕集等技术改造项目。

“十三五”期间，特种水泥成功应用于乌东德和白鹤滩水电站，为国内外首次将低热硅酸盐水泥全坝应用于300米级特高拱坝。海螺集团二氧化碳捕集纯化项目建成年产5万吨水泥窑烟气CO_2捕集纯化生产示范线，开创了水泥工业成熟回收利用CO_2的先河。

四、产业政策发力提升先进产能比例

传统产业焕发新活力，水泥行业先进产能比例和绿色低碳发展水平显著提升。国务院印发的《2030年前碳达峰行动方案》（国发〔2021〕23号）给出了两个时期的任务，“十四五”期间，产业结构和能源结构调整优化取得明显进展，“十五五”期间，产业结构调整取得重大进展。

水泥是“重载短腿”区域性产品，在政策推动下，地方政府利用产能置换、兼并重组等产业政策提高区域产业集中度，扶持优势企业集团，加大有序退出低效水泥产能力度，给配套先进工艺和高水平装备的大型化规模化水泥项目腾出足够的环境和能耗容量，留出长远发展空间，优化产能布局，完善产业链，将成为“十四五”时期水泥产业结构调整的主要模式。

在不新增产能前提下，以提高区域产业集中度、新建规模化智能化水泥项目为标志的新一轮水泥行业产业结构调整已经在“政策组合拳”的推动下拉开序幕。新建水泥熟料项目前置条件的产能置换政策不断加严，有效遏制了新建项目盲目上马的苗头。工信部联合生态环境部出台并升级了常态化水泥错峰生产政策，压减过剩产能、减轻污染物叠加排放，缓解用能高峰。常态化错峰生产还写入了《2030 年前碳达峰行动方案》(国发〔2021〕23 号)。国务院授权、发展改革委颁布的《产业结构调整指导目录（2019 年本)》将 2000 吨/日（不含）以下新型干法水泥熟料生产线（特种水泥生产线除外）和 60 万吨/年（不含）以下水泥粉磨站列为限制类，不得新建并限期改造，将直径 3 米（不含）以下水泥粉磨设备（生产特种水泥除外）列为淘汰类，限期关停退出。

对于水泥行业来说，进行节能改造达到基准水平、争取标杆水平，是推进产业结构调整的重要衡量指标。

《冶金、建材重点行业严格能效约束推动节能降碳行动方案（2021—2025 年)》对水泥行业又提出了更加严格的要求，到 2025 年水泥行业能效达到标杆水平的产能比例超过 30%，行业整体能效水平明显提升，碳排放强度明显下降，绿色低碳发展能力显著增强。标杆水平为水泥熟料单位产品综合能耗 100kgce/t，基准水平为水泥熟料单位产品综合能耗 117kgce/t。目前的能效要求对照十年前水泥行业的整体水平，技术指标大约提高了 5%～7%。

2021 年 10 月新修订发布的 GB 16780—2021《水泥单位产品能源消耗限额》(以下简称“新版 GB 16780”）将于 2022 年 11 月 1 日起实施。新版 GB 16780 将熟料综合能耗 3 级（即能耗限定值/基准值）指标确定为≤117kgce/t，等同于《节能降碳行动方案》中的基准水平。结合近三年调研测算的数据，约75%的水泥产能可以达到限定值要求，其余约25%产能尚无法达标。如果不及时进行技术改造，将有25%产能，也就是4亿多吨水泥熟料产能面临淘汰退出的风险。

2021年5月30日，生态环境部印发的《关于加强高耗能、高排放建设项目生态环境源头防控的指导意见》（环环评〔2021〕45号）要求新建、扩建“两高”项目应采用先进适用的工艺技术和装备，单位产品物耗、能耗、水耗等达到清洁生产先进水平。《节能降碳行动方案》又再次提高了新建项目的能耗准入条件，相当于将新建和改扩建水泥项目的能耗限额提升到标杆水平，也是新版GB 16780水泥熟料单位产品综合能耗1级（先进值）即100kgce/t。目前全国约有5%的产能可以满足这一要求。

随着资源日趋紧张、能耗双控不断加强、“双碳”目标不断推进，不具备规模优势的低效水泥产能，如果改造后仍达不到环保、能效、质量等约束标准，退出已成为趋势。今后新建水泥项目的能效应当至少要达到标杆水平。

五、水泥行业发展趋势

目前“双碳”和能耗双控等政策陆续出台，为企业兼并重组创造了条件，地方政府利用产能置换、兼并重组等产业政策提高产业集中度，扶持优势企业集团，加大退出低效水泥产能力度，优化产能布局。

在都市圈等市场需求较好的区域，整合日产2500吨及以下生产线，建设日产4000吨及以上甚至日产8000吨及以上的超大规模水泥熟料项目，依托水泥熟料智能工厂，集聚形成绿色矿山开采修复—水泥/砂石骨料基地—高品质商品混凝土站—装配式建筑绿色低碳产业园—数智物流园区完整的产业链，促进能效提升至标杆水平，不断提高全员劳动生产率。

六、政策建议

水泥行业是基础原材料行业，是用能和排放大户，目前最紧迫的任务就是落实好碳达峰工作，把生态文明理念深刻融入行业发展的全过程。落实好碳达峰工作要以节能降碳为重点战略方向，实现减污降碳协同增效。实现减污降碳协同增效的关键就是持续提升先进产能比例，以兼并重组和能效达标为重点，充分发挥资源循环利用优势，加大力度实施节能降耗改造和原燃料替代，实现碳减排重大突破。

要注重如何保障提升先进产能比例。首要解决的问题就是加强政策衔接和统筹协调，保证能耗指标、污染排放许可跟随产能指标转移，实现各项生产要素流向先进产能。要全面统筹推进水泥行业碳达峰各项工作，应衔接好产能置换、能效约束、排污许可、碳排放配额等各项政策，鼓励行业企业兼并重组，开展省内置换的，支持退出产能对应的能耗指标和排污许可等随产能指标转移至先进产能。涉及区域内增加产能的水泥项目，应组织专业机构对项目必要性和可行性如市场因素、资源禀赋、交通运输、环境影响等进行前期论证。充分发挥好行业协会作用，做好各项工作支撑。

3　能源资源结构调整

3.1

完善能源消费强度和总量双控制度方案

发改环资〔2021〕1310号

实行能源消费强度和总量双控（以下称能耗双控）是落实生态文明建设要求、促进节能降耗、推动高质量发展的一项重要制度性安排。“十三五”以来，各地区各部门认真落实党中央、国务院决策部署，能耗双控工作取得积极成效，但也存在能源消费总量管理缺乏弹性、能耗双控差别化管理措施偏少等问题。为进一步完善能耗双控制度，现提出以下方案。

一、总体要求

（一）指导思想。以习近平新时代中国特色社会主义思想为指导，深入贯彻党的十九大和十九届二中、三中、四中、五中全会精神以及中央经济工作会议精神，增强“四个意识”、坚定“四个自信”、做到“两个维护”，认真落实习近平生态文明思想，按照党中央、国务院决策部署，立足新发展阶段，完整、准确、全面贯彻新发展理念，构建新发展格局，推动高质量发展，以能源资源配置更加合理、利用效率大幅提高为导向，以建立科学管理制度为手段，以提升基础能力为支撑，强化和完善能耗双控制度，深化能源生产和消费革命，推进能源总量管理、科学配置、全面节约，推动能源清洁低碳安全高效利用，倒逼产业结构、能源结构调整，助力实现碳达峰、碳中和目标，促进经济社会发展全面绿色转型和生态文明建设实现新进步。

（二）工作原则。

——坚持能效优先和保障合理用能相结合。坚持节约优先、效率优先，严格能耗强度控制，倒逼转方式、调结构，引导各地更加注重提高发展的质量和效益；合理控制能源消费总量并适当增加管理弹性，保障经济社会发展和民生改善合理用能。

——坚持普遍性要求和差别化管理相结合。把节能贯穿于经济社会发展的全过程和各领域，抑制不合理能源消费，大幅提高能源利用效率；结合地方实际，差别化分解能耗双控目标，鼓励可再生能源使用，重点控制化石能源消费。

——坚持政府调控和市场导向相结合。加强宏观指导，完善政策措施，发挥市场配置能源资源的决定性作用，推动用能权有偿使用和交易，引导能源要素合理流动和高效配置，推动各地全面完成节能降耗目标任务。

——坚持激励和约束相结合。严格节能目标责任考核及结果运用，强化政策落实，对能源利用效率提升、能源结构优化成效显著的地区加强激励，对能耗双控目标完成不力的地区加大处罚问责力度；完善节能法律法规标准和政策体系，压实用能主体责任，激发内生动力。

——坚持全国一盘棋统筹谋划调控。从国之大者出发，克服地方、部门本位主义，防止追求局部利益损害整体利益，干扰国家大局。

（三）总体目标。到 2025 年，能耗双控制度更加健全，能源资源配置更加合理、利用效率大幅提高。到 2030 年，能耗双控制度进一步完善，能耗强度继续大幅下降，能源消费总量得到合理控制，能源结构更加优化。到 2035 年，能源资源优化配置、全面节约制度更加成熟和定型，有力支撑碳排放达峰后稳中有降目标实现。

二、完善指标设置及分解落实机制

（四）合理设置国家和地方能耗双控指标。完善能耗双控指标管理，国家继续将能耗强度降低作为国民经济和社会发展五年规划的约束性指标，合理设置能源消费总量指标，并向各省（自治区、直辖市）分解下达能耗双控五年目标。国家对各省（自治区、直辖市）能耗强度降低实行基本目标和激励目标双目标管理，基本目标为各地区必须确保完成的约束性目标，并按超过基本目标一定幅度设定激励目标。国家层面预留一定总量指标，统筹支持国家重大项目用能需求、可再生能源发展等。各省（自治区、直辖市）根据国家下达的五年目标，结合本地区实际确定年度目标并报国家发展改革委备案。国家发展改革委根据全国和各地区能耗强度下降情况，加强对地方年度目标任务的窗口指导。

（五）优化能耗双控指标分解落实。以能源产出率为重要依据，综合各地区经济社会发展水平、发展定位、产业结构和布局、能源消费现状、节能潜力、能源资源禀赋、环境质量状况、能源基础设施建设和规划布局、上一五年规划目标完成情况等因素，合理确定各省（自治区、直辖市）能耗强度降低和能源消费总量目标。能源消费总量目标分解中，对能源利用效率较高、发展较快的地区适度倾斜。

三、增强能源消费总量管理弹性

（六）对国家重大项目实行能耗统筹。由党中央、国务院批准建设且在五年规划当期投产达产的有关重大项目，经综合考虑全国能耗双控目标，并报国务院备案后，在年度和五年规划当期能耗双控考核中对项目能耗量实行减免。

（七）坚决管控高耗能高排放项目。各省（自治区、直辖市）要建立在建、拟建、存量高耗能高排放项目（以下称“两高”项目）清单，明确处置意见，调整情况及时报送国家发展改革委。对新增能耗 5 万吨标准煤及以上的“两高”项目，国家发展改革委会同有关部门对照能效水平、环保要求、产业政策、相关规划等要求加强窗口指导；对新增能耗 5 万吨标准煤以下的“两高”项目，各地区根据能耗双控目标任务加强管理，严格把关。对不符合要求的“两高”项目，各地区要严把节能审查、环评审批等准入关，金融机构不得提供信贷支持。

（八）鼓励地方增加可再生能源消费。根据各省（自治区、直辖市）可再生能源电力消纳和绿色电力证书交易等情况，对超额完成激励性可再生能源电力消纳责任权重的地区，超出最低可再生能源电力消纳责任权重的消纳量不纳入该地区年度和五年规划当期能源消费总量考核。

（九）鼓励地方超额完成能耗强度降低目标。对能耗强度降低达到国家下达激励目标的省（自治区、直辖市），其能源消费总量在五年规划当期能耗双控考核中免予考核。

（十）推行用能指标市场化交易。进一步完善用能权有偿使用和交易制度，加快建设全国用能权交易市场，推动能源要素向优质项目、企业、产业及经济发展条件好的地区流动和集聚。建立能源消费总量指标跨地区交易机制，总量指标不足、需新布局符合国家产业政策和节能环保等要求项目的省（自治区、直辖市），在确保完成能耗强度降低基本目标的情况下，可向能耗强度降低进展顺利、总量指标富余的省（自治区、直辖市）有偿购买总量指标，国家根据交易结果调整相关地区总量目标并进行考核。

四、健全能耗双控管理制度

（十一）推动地方实行用能预算管理。各省（自治区、直辖市）要结合本地区经济社会发展、产业结构和能源结构、重大项目布局、用能空间等情况，建立用能预算管理体系，编制用能预算管理方案，将能源要素优先保障居民生活、现代服务业、高技术产业和先进制造业，因地制宜、因业施策控制化石能源消费，加快调整优化产业结构、能源结构，体现高质量发展要求。可探索开展能耗产出效益评价，制定区域、行业、企业单位能耗产出效益评价指标及标准，推动能源要素向单位能耗产出效益高的产业和项目倾斜，引导产业布局优化。鼓励各地区依法依规通过汰劣上优、能耗等量减量替代等方式腾出用能空间，纳入本地区用能预算统一管理，统筹支持本地区重点项目新增用能需求。引导居民形成节约用能的生活方式，使用高效节能产品，减少能源浪费。严禁打着居民用电的旗号从事“两高”项目和过剩产能生产经营活动。各省（自治区、直辖市）结合推进能耗双控工作，对本地区用能预算管理方案实施动态调整。

（十二）严格实施节能审查制度。各省（自治区、直辖市）要切实加强对能耗量较大特别是化石能源消费量大的项目的节能审查，与本地区能耗双控目标做好衔接，从源头严控新上项目能效水平，新上高耗能项目必须符合国家产业政策且能效达到行业先进水平。未达到能耗强度降低基本目标进度要求的地区，在节能审查等环节对高耗能项目缓批限批，新上高耗能项目须实行能耗等量减量替代。深化节能审查制度改革，加强节能审查事中事后监管，强化节能管理服务，实行闭环管理。

（十三）完善能耗双控考核制度。增加能耗强度降低指标考核权重，合理设置能源消费总量指标考核权重，研究对化石能源消费进行控制的考核指标，并将各省（自治区、直辖市）能源要素高质量配置、深度挖掘节能潜力等作为重要考核内容。对完成五年规划当期能耗双控进度目标的地区，可视为完成能耗双控年度目标。强化考核结果运用，考核结果经国务院审定后，交由干部主管部门作为对省级人民政府领导班子和领导干部综合考核评价的重要依据。对考核结果为超额完成的地区通报表扬，并给予一定奖励；对未完成能耗强度降低基本目标的地区通报批评，要求限期整改；对进度严重滞后、工作不力的地区，有关方面按规定对其相关负责人实行问责处理。

五、组织实施

（十四）加强组织领导。各地区各部门要充分认识能耗双控对促进高质量发展的重大意义，统筹处理好经济社会发展与能耗双控工作的关系，坚决遏制“两高”项目盲目发展。省级人民政府对本行政区域的能耗双控工作负总责，制定工作方案，抓好组织实施，落实国家下达的能耗双控目标任务。国务院有关部门制定新增用能需求较大的产业规划、布局重大项目建设等要与国家发展改革委、国家能源局做好衔接，加强与能耗双控政策的协调，形成政策合力；国家统计局会同国家能源局做好全国非化石能源消费统计工作，指导各省（自治区、直辖市）完善非化石能源消费统计。国家发展改革委会同工业和信息化部、生态环境部、住房城乡建设部、交通运输部、市场监管总局、国家统计局、国管局、国家能源局等有关部门建立能耗双控工作协调推进机制，做好各省（自治区、直辖市）能耗双控目标分解，开展重大问题会商，有关情况及时向党中央、国务院报告。

（十五）加强预警调控。国家发展改革委会同有关部门，定期调度各省（自治区、直辖市）能耗量较大的项目建设投产情况，完善重点用能单位能源利用状况报告制度，加强重点用能单位能耗在线监测系统建设及应用。加强全国和各省（自治区、直辖市）能耗双控目标完成形势的分析预警，发布能耗双控目标完成情况晴雨表，对高预警等级地区实施窗口指导，对能耗双控目标完成进度滞后的地区，督促制定预警调控方案，合理控制新上高耗能项目投产节奏。定期对全国能耗双控目标完成情况进行评估，确有必要时，按程序对相关目标作出适当调整。

（十六）完善经济政策。指导地方完善并落实好促进节能的能源价格政策，充分发挥价格杠杆作用，推动节能降耗、淘汰落后，促进产业结构、能源结构优化升级。各级人民政府要切实加大资金投入，创新支持方式，实施节能重点工程。落实节能节水环保、资源综合利用、合同能源管理等方面的所得税、增值税等优惠政策。健全绿色金融体系，完善绿色金融标准体系和政策措施，对节能给予多元化支持。加强先进节能技术和产品推广应用，鼓励开展节能技术改造。积极推广综合能源服务、合同能源管理等模式，持续释放节能市场潜力和活力。

（十七）夯实基础建设。加强能源计量和统计能力建设，健全能源计量体系，充实基层能源统计人员力量。进一步完善节能法律法规，强化各类用能主体节能法定责任。健全节能标准体系，扩大节能标准覆盖范围，提高并严格执行各领域、各行业节能标准。强化节能法规标准落实情况监督检查，依法查处违法违规用能行为。加强节能监察能力建设，压实执法主体责任，加大对各级地方政府和用能单位节能管理人员的培训力度。对于能耗双控工作中徇私舞弊、弄虚作假等行为，依规依纪依法对相关单位和人员追究责任。

3.2

冶金、建材重点行业严格能效约束推动节能降碳行动方案（2021—2025年）

为贯彻落实党中央、国务院碳达峰碳中和相关工作部署，坚决遏制“两高”项目盲目发展，推动钢铁、电解铝、水泥、平板玻璃等重点行业绿色低碳转型，确保如期实现碳达峰目标，根据《关于严格能效约束推动重点领域节能降碳的若干意见》，制定本行动方案。

一、行动目标

到2025年，通过实施节能降碳行动，钢铁、电解铝、水泥、平板玻璃行业能效达到标杆水平的产能比例超过30%，行业整体能效水平明显提升，碳排放强度明显下降，绿色低碳发展能力显著增强。

基准水平和标杆水平具体指标如下。

重点行业能效基准水平和标杆水平

<table>
<tr><th>序号</th><th colspan="2">产品名称</th><th>指标名称</th><th>指标单位</th><th>基准水平</th><th>标杆水平</th><th>相关计算等参考标准</th></tr>
<tr><td>1</td><td rowspan="2">钢铁</td><td>高炉工序</td><td>单位产品能耗</td><td>千克标准煤/吨</td><td>435</td><td>361</td><td rowspan="2">GB 21256</td></tr>
<tr><td>2</td><td>转炉工序</td><td>单位产品能耗</td><td>千克标准煤/吨</td><td>—10</td><td>—30</td></tr>
<tr><td>3</td><td colspan="2">电解铝</td><td>铝液交流电耗</td><td>千瓦时/吨</td><td>13350</td><td>13000</td><td>GB 21346</td></tr>
<tr><td>4</td><td colspan="2">水泥熟料</td><td>可比熟料综合能耗</td><td>千克标准煤/吨</td><td>117</td><td>100</td><td>GB 16780</td></tr>
<tr><td>5</td><td rowspan="2">平板玻璃</td><td>≥500≤800吨/天</td><td>单位产品能耗</td><td>千克标准煤/重量箱</td><td>13.5</td><td>9.5</td><td rowspan="2">GB 21340 汽车用平板玻璃能耗修正系数参照此标准</td></tr>
<tr><td>6</td><td>>800 吨/天</td><td>单位产品能耗</td><td>千克标准煤/重量箱</td><td>12</td><td>8</td></tr>
</table>

二、重点任务

（一）建立技术改造企业清单。各地组织开展钢铁、电解铝、水泥、平板玻璃企业现有项目能效情况调查，认真排查在建项目，科学评估拟建项目，按照有关法律法规和标准规范，逐一登记造册，经企业申辩和专家评审，建立企业能效清单目录，能效达到标杆水平和低于基准水平的企业，分别列入能效先进和落后清单，并向社会公开，接受监督。有关部门组织申报、评选全国节能降碳或改造提升效果明显的企业，发布行业能效“领跑者”名单，形成一批可借鉴、可复制、可推广的节能典型案例。

（二）制定技术改造实施方案。各地在确保经济平稳运行、社会民生稳定基础上，制定冶金、建材重点行业企业技术改造总体实施方案，选取钢铁、电解铝、水泥、平板玻璃等行业节能先进适用技术，引导能效水平相对落后企业实施技术改造，科学合理制定不同企业节能改造时间表，明确推进步骤、改造期限、技术路线、工作节点、预期目标等。实施方案需科学周密论证，广泛征求意见，特别是要征求相关企业及其所在地方政府意见，并在实施前向社会公示。各技术改造企业据此制定周密细致的具体工作方案，明确落实措施。

（三）稳妥组织企业实施改造。各地根据实施方案，指导企业落实好改造所需资金，制定技术改造措施，加快技术改造进程，积极协助企业解决改造过程中存在的问题。对于能效介于标杆水平和基准水平之间的企业，鼓励结合检修等时机参照标杆水平要求实施改造升级。改造过程中，在落实产能置换等要求前提下，鼓励企业开展兼并重组。对于违规上马、未批先建项目，依法依规严肃查处相关责任人员、单位和企业。

（四）引导低效产能有序退出。综合发挥能耗、排放等约束性指标作用，严格执行有关标准、政策，加强监督检查，引导低效产能有序退出。加大淘汰落后产能工作力度，严格执行《产业结构调整指导目录》等规定，坚决淘汰落后生产工艺、技术、设备。

（五）创新发展绿色低碳技术。深入研究钢铁、电解铝、水泥、平板玻璃等行业节能低碳技术发展路线，加强节能低碳关键共性技术、前沿引领技术、颠覆性技术研发。加快先进适用节能低碳技术产业化应用，进一步提升能源利用效率。基于产品全生命周期绿色发展理念，开展工业产品绿色设计，开发优质、高强、长寿命的钢铁、电解铝、水泥、平板玻璃绿色设计产品，引导下游行业选用绿色产品，建设绿色工厂。

（六）推进产业结构优化调整。做好产业布局、结构调整、节能审查与能耗双控政策的衔接。推动钢铁、电解铝、水泥、平板玻璃等行业集中集聚发展，提高集约化、现代化水平，形成规模效益，降低单位产品能耗。加快推进钢铁、电解铝、水泥、平板玻璃等行业兼并重组。进一步优化产业布局，推动新建钢铁冶炼项目依托现有生产基地集聚发展，鼓励有条件地区的长流程钢厂通过就地改造转型发展电炉短流程炼钢。

（七）修订完善产业政策标准。对照行业能效基准水平和标杆水平，适时修订钢铁、电解铝等行业的国家能耗限额标准。结合钢铁、电解铝、水泥、平板玻璃等行业节能降碳行动以及修订的国家能耗限额标准、污染物排放水平，修订《产业结构调整指导目录》《绿色技术推广目录》。

（八）强化产业政策标准协同。认真落实电解铝行业阶梯电价政策，完善钢铁、水泥、平板玻璃行业绿色电价政策，有效强化电价信号引导作用。按照加强高耗能项目源头防控的政策要求，通过节能审查、环评审查等手段，推动项目高标准建设，加大违法违规问题查处力度。加强钢铁、电解铝、水泥、平板玻璃行业规范条件与能效基准水平、标杆水平的协同。

（九）加大财政金融支持力度。落实节能专用装备、技术改造、资源综合利用等方面税收优惠政策。积极发展绿色金融，设立碳减排支持工具，支持金融机构在风险可控、商业可持续的前提下，向碳减排效应显著的重点项目提供高质量的金融服务。拓展绿色债券市场的深度和广度，支持符合条件的企业上市融资和再融资。落实重点新材料首批次应用鼓励政策。

（十）加大配套监督管理力度。加强源头把控，建立钢铁、电解铝、水泥、平板玻璃等行业企业能耗和碳排放监测与评价体系，稳步推进企业能耗和碳排放核算、报告、核查和评价工作。强化日常监管，组织实施国家工业专项节能监察，加强对企业能效水平执行情况的监督检查，确保相关政策要求执行到位。压实属地监管责任，建立健全通报批评、用能预警、约谈问责等工作机制，完善重点行业节能降碳监管体系。

三、工作要求

发展改革、科技、工业和信息化、财政、生态环境、人民银行、市场监管、证监等部门要加强协同配合，形成工作合力，统筹协调推进各项工作。各地方要高度重视，进一步压实责任，细化工作任务，明确落实举措。有关行业协会要充分发挥桥梁纽带作用，引导行业企业凝聚共识，形成一致行动，协同推进节能降碳工作。有关企业要强化绿色低碳发展意识，落实主体责任，严格按照时间节点要求完成各项任务。

3.3

高耗能行业重点领域能效标杆水平和基准水平（2021年版）

发改产业〔2021〕1609号

各省、自治区、直辖市及计划单列市、新疆生产建设兵团发展改革委、工业和信息化主管部门、生态环境厅（局）、市场监管局（厅、委）、能源局：

实现碳达峰、碳中和，是党中央、国务院作出的重大战略决策，是推动实现高质量发展的内在要求。高耗能行业是国民经济的重要组成部分，其高耗能属性主要由产品性质和工艺特点决定，合理有序的项目建设实施，对健全产业体系、稳定市场供给、促进经济增长具有重要支撑作用。为落实《关于强化能效约束推动重点领域节能降碳的若干意见》，指导各地科学有序做好高耗能行业节能降碳技术改造，有效遏制“两高”项目盲目发展，经商有关方面，现发布《高耗能行业重点领域能效标杆水平和基准水平（2021年版）》，并就有关事项通知如下。

一、突出标准引领作用

对标国内外生产企业先进能效水平，确定高耗能行业能效标杆水平。参考国家现行单位产品能耗限额标准确定的准入值和限定值，根据行业实际情况、发展预期、生产装置整体能效水平等，统筹考虑如期实现碳达峰目标、保持生产供给平稳、便于企业操作实施等因素，科学划定各行业能效基准水平。重点领域范围和标杆水平、基准水平视行业发展和能耗限额标准制修订情况进行补充完善和动态调整。

二、分类推动项目提效达标

对拟建、在建项目，应对照能效标杆水平建设实施，推动能效水平应提尽提，力争全面达到标杆水平。对能效低于本行业基准水平的存量项目，合理设置政策实施过渡期，引导企业有序开展节能降碳技术改造，提高生产运行能效，坚决依法依规淘汰落后产能、落后工艺、落后产品。加强绿色低碳工艺技术装备推广应用，促进形成强大国内市场。

三、限期分批改造升级和淘汰

依据能效标杆水平和基准水平，限期分批实施改造升级和淘汰。对需开展技术改造的项目，各地要明确改造升级和淘汰时限（一般不超过 3 年）以及年度改造淘汰计划，在规定时限内将能效改造升级到基准水平以上，力争达到能效标杆水平；对于不能按期改造完毕的项目进行淘汰。坚决遏制高耗能项目不合理用能，对于能效低于本行业基准水平且未能按期改造升级的项目，限制用能。

四、完善相关配套支持政策

整合利用已有政策工具，通过阶梯电价、国家工业专项节能监察、环保监督执法等手段，加大节能降碳市场调节和督促落实力度。推动金融机构在风险可控、商业可持续的前提下，向节能减排效应显著的重点项目提供高质量金融服务，落实节能专用装备、技术改造、资源综合利用等税收优惠政策，加快企业改造升级步伐，提升行业整体能效水平。

上述规定自2022年1月1日起执行。各地方要深刻认识、高度重视严格能效约束推动高耗能行业节能降碳工作的重要性，充分立足本地发展实际，坚持系统观念，尊重市场规律，细化工作要求，强化责任落实，稳妥有序推动节能降碳技术改造，切实避免“一刀切”管理和“运动式”减碳，确保产业链供应链稳定和经济社会平稳运行。

附件：高耗能行业重点领域能效标杆水平和基准水平（2021年版）

国家发展改革委
工业和信息化部
生 态 环 境 部
市场监管总局
国家能源局
2021年11月15日

附件

高耗能行业重点领域能效标杆水平和基准水平（2021年版）（节选）

国民经济行业分类及代码			重点领域	指标名称	指标单位	标杆水平	基准水平	参考标准
大类	中类	小类						
非金属矿物制品业（30）	水泥、石灰和石膏制造（301）	水泥制造（3011）	水泥熟料	单位产品综合能耗	千克标准煤/吨	100	117	GB 16780

3.4

关于完善资源综合利用增值税政策的公告

财政部　税务总局公告2021年第40号

为推动资源综合利用行业持续健康发展，现将有关增值税政策公告如下：

一、从事再生资源回收的增值税一般纳税人销售其收购的再生资源，可以选择适用简易计税方法依照3%征收率计算缴纳增值税，或适用一般计税方法计算缴纳增值税。

（一）本公告所称再生资源，是指在社会生产和生活消费过程中产生的，已经失去原有全部或部分使用价值，经过回收、加工处理，能够使其重新获得使用价值的各种废弃物。其中，加工处理仅限于清洗、挑选、破碎、切割、拆解、打包等改变再生资源密度、湿度、长度、粗细、软硬等物理性状的简单加工。

（二）纳税人选择适用简易计税方法，应符合下列条件之一：

1. 从事危险废物收集的纳税人，应符合国家危险废物经营许可证管理办法的要求，取得危险废物经营许可证。

2. 从事报废机动车回收的纳税人，应符合国家商务主管部门出台的报废机动车回收管理办法要求，取得报废机动车回收拆解企业资质认定证书。

3. 除危险废物、报废机动车外，其他再生资源回收纳税人应符合国家商务主管部门出台的再生资源回收管理办法要求，进行市场主体登记，并在商务部门完成再生资源回收经营者备案。

（三）各级财政、主管部门及其工作人员，存在违法违规给予从事再生资源回收业务的纳税人财政返还、奖补行为的，依法追究相应责任。

二、除纳税人聘用的员工为本单位或者雇主提供的再生资源回收不征收增值税外，纳税人发生的再生资源回收并销售的业务，均应按照规定征免增值税。

三、增值税一般纳税人销售自产的资源综合利用产品和提供资源综合利用劳务（以下称销售综合利用产品和劳务），可享受增值税即征即退政策。

（一）综合利用的资源名称、综合利用产品和劳务名称、技术标准和相关条件、退税比例等按照本公告所附《资源综合利用产品和劳务增值税优惠目录（2022 年版）》（以下称《目录》）的相关规定执行。

（二）纳税人从事《目录》所列的资源综合利用项目，其申请享受本公告规定的增值税即征即退政策时，应同时符合下列条件：

1. 纳税人在境内收购的再生资源，应按规定从销售方取得增值税发票；适用免税政策的，应按规定从销售方取得增值税普通发票。销售方为依法依规无法申领发票的单位或者从事小额零星经营业务的自然人，应取得销售方开具的收款凭证及收购方内部凭证，或者税务机关代开的发票。本款所称小额零星经营业务是指自然人从事应税项目经营业务的销售额不超过增值税按次起征点的业务。

纳税人从境外收购的再生资源，应按规定取得海关进口增值税专用缴款书，或者从销售方取得具有发票性质的收款凭证、相关税费缴纳凭证。

纳税人应当取得上述发票或凭证而未取得的，该部分再生资源对应产品的销售收入不得适用本公告的即征即退规定。

不得适用本公告即征即退规定的销售收入＝当期销售综合利用产品和劳务的销售收入×（纳税人应当取得发票或凭证而未取得的购入再生资源成本÷当期购进再生资源的全部成本）。

纳税人应当在当期销售综合利用产品和劳务销售收入中剔除不得适用即征即退政策部分的销售收入后，计算可申请的即征即退税额：

可申请退税额＝［（当期销售综合利用产品和劳务的销售收入－不得适用即征即退规定的销售收入）×适用税率－当期即征即退项目的进项税额］×对应的退税比例

各级税务机关要加强发票开具相关管理工作，纳税人应按规定及时开具、取得发票。

2. 纳税人应建立再生资源收购台账，留存备查。台账内容包括：再生资源供货方单位名称或个人姓名及身份证号，再生资源名称、数量、价格、结算方式，是否取得增值税发票或符合规定的凭证等。纳税人现有账册、系统能够包括上述内容的，无须单独建立台账。

3. 销售综合利用产品和劳务，不属于发展改革委《产业结构调整指导目录》中的淘汰类、限制类项目。

4. 销售综合利用产品和劳务，不属于生态环境部《环境保护综合名录》中的“高污染、高环境风险”产品或重污染工艺。“高污染、高环境风险”产品，是指在《环境保护综合名录》中标注特性为“GHW/GHF”的产品，但纳税人生产销售的资源综合利用产品满足“GHW/GHF”例外条款规定的技术和条件的除外。

5. 综合利用的资源，属于生态环境部《国家危险废物名录》列明的危险废物的，应当取得省级或市级生态环境部门颁发的《危险废物经营许可证》，且许可经营范围包括该危险废物的利用。

6. 纳税信用级别不为C级或D级。

7. 纳税人申请享受本公告规定的即征即退政策时，申请退税税款所属期前6个月（含所属期当期）不得发生下列情形：

（1）因违反生态环境保护的法律法规受到行政处罚（警告、通报批评或单次10万元以下罚款、没收违法所得、没收非法财物除外；单次10万元以下含本数，下同）。

（2）因违反税收法律法规被税务机关处罚（单次10万元以下罚款除外），或发生骗取出口退税、虚开发票的情形。

纳税人在办理退税事宜时，应向主管税务机关提供其符合本条规定的上述条件以及《目录》规定的技术标准和相关条件的书面声明，并在书面声明中如实注明未取得发票或相关凭证以及接受环保、税收处罚等情况。未提供书面声明的，税务机关不得给予退税。

（三）已享受本公告规定的增值税即征即退政策的纳税人，自不符合本公告“三”中第“（二）”部分规定的条件以及《目录》规定的技术标准和相关条件的当月起，不再享受本公告规定的增值税即征即退政策。

（四）已享受本公告规定的增值税即征即退政策的纳税人，在享受增值税即征即退政策后，出现本公告“三”中第

“（二）”部分第“7”点规定情形的，自处罚决定作出的当月起6个月内不得享受本公告规定的增值税即征即退政策。如纳税人连续12个月内发生两次以上本公告“三”中第“（二）”部分第“7”点规定的情形，自第二次处罚决定作出的当月起36个月内不得享受本公告规定的增值税即征即退政策。相关处罚决定被依法撤销、变更、确认违法或者确认无效的，符合条件的纳税人可以重新申请办理退税事宜。

（五）各省、自治区、直辖市、计划单列市税务机关应于每年3月底之前在其网站上，将本地区上一年度所有享受本公告规定的增值税即征即退或免税政策的纳税人，按下列项目予以公示：纳税人名称、纳税人识别号、综合利用的资源名称、综合利用产品和劳务名称。各省、自治区、直辖市、计划单列市税务机关在对本地区上一年度享受本公告规定的增值税即征即退或免税政策的纳税人进行公示前，应会同本地区生态环境部门，再次核实纳税人受环保处罚情况。

四、纳税人从事《目录》2.15“污水处理厂出水、工业排水（矿井水）、生活污水、垃圾处理厂渗透（滤）液等”项目、5.1“垃圾处理、污泥处理处置劳务”、5.2“污水处理劳务”项目，可适用本公告“三”规定的增值税即征即退政策，也可选择适用免征增值税政策；一经选定，36个月内不得变更。选择适用免税政策的纳税人，应满足本公告“三”有关规定以及《目录》规定的技术标准和相关条件，相关资料留存备查。

五、按照本公告规定单个所属期退税金额超过500万元的，主管税务机关应在退税完成后30个工作日内，将退税资料送同级财政部门复查，财政部门逐级复查后，由省级财政部门送财政部当地监管局出具最终复查意见。复查工作应于退税后3个月内完成，具体复查程序由财政部当地监管局会同省级财税部门制定。

六、再生资源回收、利用纳税人应依法履行纳税义务。各级税务机关要加强纳税申报、发票开具、即征即退等事项的管理工作，保障纳税人按规定及时办理相关纳税事项。

七、本公告自2022年3月1日起执行。《财政部 国家税务总局关于印发〈资源综合利用产品和劳务增值税优惠目录〉的通知》（财税〔2015〕78号）、《财政部 税务总局关于资源综合利用增值税政策的公告》（财政部 税务总局公告2019年第90号）除“技术标准和相关条件”外同时废止，“技术标准和相关条件”有关规定可继续执行至2022年12月31日止。《目录》所列的资源综合利用项目适用的国家标准、行业标准，如在执行过程中有更新、替换，统一按新的国家标准、行业标准执行。

此前已发生未处理的事项，按本公告规定执行。已处理的事项，如执行完毕则不再调整；如纳税人受到环保、税收处罚已停止享受即征即退政策的时间超过6个月但尚未执行完毕的，则自本公告执行的当月起，可重新申请享受即征即退政策；如纳税人受到环保、税收处罚已停止享受即征即退政策的时间未超过6个月，则自6个月期满后的次月起，可重新申请享受即征即退政策。

特此公告。

附件：资源综合利用产品和劳务增值税优惠目录（2022年版）

财政部　税务总局

2021年12月30日

资源综合利用产品和劳务增值税优惠目录（2022 年版）

类别	序号	综合利用的资源名称	综合利用产品和劳务名称	技术标准和相关条件	退税比例
一、共、伴生矿产资源	1.1	油母页岩	页岩油	产品原料 95%以上来自所列资源	70%
	1.2	煤炭开采过程中产生的煤层气（煤矿瓦斯）	电力	产品燃料 95%以上来自所列资源	100%
	1.3	油田采油过程中产生的油污泥（浮渣）	乳化油调和剂、防水卷材辅料产品	产品原料 70%以上来自所列资源	70%
二、废渣、废水（液）、废气	2.1	废渣	砖瓦（不含烧结普通砖）、砌块、陶粒、墙板、管材（管桩）、混凝土、砂浆、道路井盖、道路护栏、防火材料、耐火材料（镁铬砖除外）、保温材料、矿（岩）棉、微晶玻璃、U 形玻璃	产品原料 70%以上来自所列资源	70%
	2.2	废渣	水泥、水泥熟料	1. 42.5 及以上强度等级水泥的原料 20%以上来自所列资源，其他水泥、水泥熟料的原料 40%以上来自所列资源； 2. 纳税人符合《水泥工业大气污染物排放标准》（GB 4915—2013）规定的技术要求	70%

续表

类别	序号	综合利用的资源名称	综合利用产品和劳务名称	技术标准和相关条件	退税比例
二、废渣、废水（液）、废气	2.3	磷石膏	墙板、砂浆、砌块、水泥添加剂、建筑石膏、α型高强石膏、Ⅱ型无水石膏、嵌缝石膏、黏结石膏、现浇混凝土空心结构用石膏模盒、抹灰石膏、机械喷涂抹灰石膏、土壤调理剂、喷筑墙体石膏、装饰石膏材料、磷石膏制硫酸	产品原料 40%以上来自磷石膏	70%
	2.4	建筑垃圾、煤矸石	建设用再生骨料、建筑垃圾制作烧结制品、道路材料、建设用回填材料	1. 产品原料 70%以上来自所列资源； 2. 产品以建筑垃圾为原料的，符合《混凝土用再生粗骨料》(GB/T 25177—2010）或《混凝土和砂浆用再生细骨料》（GB/T 25176—2010）或《烧结普通砖》（GB/T 5101—2017）或《道路用建筑垃圾再生骨料无机混合料》（JC/T 2281—2014）或《再生骨料地面砖和透水砖》（CJ/T 400—2012）或《再生骨料透水混凝土应用技术规程》（CJJ/T 253—2016）或《水泥基回填材料》（JC/T 2468—2018）或《建筑垃圾再生骨料实心砖》（JG/T 505—2016）	50%

续表

类别	序号	综合利用的资源名称	综合利用产品和劳务名称	技术标准和相关条件	退税比例
二、废渣、废水（液）、废气	2.4	建筑垃圾、煤矸石	建设用再生骨料、建筑垃圾制作烧结制品、道路材料、建设用回填材料	或《建筑用轻质隔墙条板》（GB/T 23451—2009）或《玻璃纤维增强水泥轻质多孔隔条板》（GB/T 19631—2005）或《混凝土和砂浆用再生微粉》（JG/T 573—2020）或《建筑固废再生砂粉》（JC/T 2548—2019）的技术要求；以煤矸石为原料的，符合《建设用砂》（GB/T 14684—2011）或《建设用卵石、碎石》（GB/T 14685—2011）规定的技术要求	50%
	2.5	粉煤灰、煤矸石	氧化铝、活性硅酸钙、瓷绝缘子、煅烧高岭土	氧化铝、活性硅酸钙生产原料25%以上来自所列资源，瓷绝缘子生产原料中煤矸石所占比重30%以上，煅烧高岭土生产原料中煤矸石所占比重90%以上	50%
	2.6	煤矸石、煤泥、石煤、油母页岩	电力、热力	1. 产品燃料60%以上来自所列资源； 2. 纳税人符合《火电厂大气污染物排放标准》（GB 13223—2011）和《电力（燃煤发电企业）行业清洁生产评价指标体系》规定的技术要求	50%

续表

类别	序号	综合利用的资源名称	综合利用产品和劳务名称	技术标准和相关条件	退税比例
二、废渣、废水（液）、废气	2.7	氧化铝赤泥、电石渣	氧化铁、氢氧化钠溶液、铝酸钠、铝酸三钙、脱硫剂	1. 产品原料90%以上来自所列资源； 2. 生产过程中不产生二次废渣	50%
	2.8	废旧石墨	石墨异型件、石墨块、石墨粉、石墨增碳剂	1. 产品原料90%以上来自所列资源； 2. 纳税人符合《工业炉窑大气污染物排放标准》（GB 9078—1996）规定的技术要求	50%
	2.9	垃圾以及利用垃圾发酵产生的沼气	电力、热力	1. 产品燃料80%以上来自所列资源； 2. 纳税人符合《火电厂大气污染物排放标准》（GB 13223—2011）或《生活垃圾焚烧污染控制标准》（GB 18485—2014）规定的技术要求	100%
	2.10	退役军用发射药	涂料用硝化棉粉	产品原料90%以上来自所列资源	50%
	2.11	废旧沥青混凝土	再生沥青混凝土	1. 产品原料30%以上来自所列资源； 2. 产品符合《再生沥青混凝土》（GB/T 25033—2010）规定的技术要求	50%

续表

类别	序号	综合利用的资源名称	综合利用产品和劳务名称	技术标准和相关条件	退税比例
二、废渣、废水（液）、废气	2.12	蔗渣	蔗渣浆、蔗渣刨花板和纸	1. 产品原料 70%以上来自所列资源； 2. 生产蔗渣浆及各类纸的纳税人符合《制浆造纸行业清洁生产评价指标体系》规定的技术要求	50%
	2.13	废矿物油	润滑油基础油、汽油、柴油等工业油料	1. 产品原料 90%以上来自所列资源； 2. 纳税人符合《废矿物油回收利用污染控制技术规范》（HJ 607—2011）规定的技术要求； 3. 已建废矿物油综合利用单个建设项目的废矿物油年利用能力不得低于 1 万吨（已审批的地方危废中心除外）。新建、改扩建企业单个建设项目年利用能力不得低于 3 万吨。年利用能力依据该项目环境评价报告书和相应环评批文上批准的数量； 4. 废矿物油提炼再生润滑基础油综合能源消耗应低于 900 千瓦·时/吨	50%
	2.14	环己烷氧化废液（包括轻质油、皂化液、浓缩液等）	环氧环己烷、正戊醇、醇醚溶剂、水泥生料助磨剂	1. 产品原料 90%以上来自所列资源； 2. 纳税人必须通过 ISO9000、ISO14000 认证	50%

续表

类别	序号	综合利用的资源名称	综合利用产品和劳务名称	技术标准和相关条件	退税比例
二、废渣、废水（液）、废气	2.15	污水处理厂出水、工业排水（矿井水）、生活污水、垃圾处理厂渗透（滤）液等	再生水	1. 产品原料100%来自所列资源； 2. 产品应达到相关用途的再生水水质标准	70%
	2.16	废弃酒糟和酿酒底锅水，淀粉、粉丝加工废液、废渣	蒸汽、活性炭、白碳黑、乳酸、乳酸钙、沼气、饲料、植物蛋白	产品原料80%以上来自所列资源	70%
	2.17	含油污水、有机废水、污水处理后产生的污泥，油田采油过程中产生的油污泥（浮渣），包括利用上述资源发酵产生的沼气	微生物蛋白、土壤调理剂、燃料、电力、热力	产品原料或燃料90%以上来自所列资源，其中利用油田采油过程中产生的油污泥（浮渣）生产燃料的原料60%以上来自所列资源	90%
	2.18	煤焦油、荒煤气（焦炉煤气）	柴油、石脑油	1. 产品原料95%以上来自所列资源； 2. 纳税人必须通过ISO9000、ISO14000认证	50%
	2.19	燃煤发电厂及各类工业企业生产过程中产生的烟气、高硫天然气	石膏、硫酸、硫酸铵、硫磺	1. 产品原料95%以上来自所列资源； 2. 石膏的二水硫酸钙含量85%以上，硫酸的浓度15%以上，硫酸铵的总氮含量18%以上	50%

续表

类别	序号	综合利用的资源名称	综合利用产品和劳务名称	技术标准和相关条件	退税比例
二、废渣、废水（液）、废气	2.20	工业废气、氯化氢废气、工业副产氢	燃料电池用氢、纯氢、高纯氢和超纯氢、高纯度二氧化碳、工业氢气、甲烷、（液）氯气	1. 产品原料 95%以上来自所列资源； 2. 高纯度二氧化碳符合《高纯二氧化碳》（GB/T 23938—2009），工业氢气符合《氢气　第 1 部分 工业氢》（GB/T 3634.1—2006），甲烷符合《纯甲烷和高纯甲烷》（GB/T 33102—2016），（液）氯气符合《氯气安全规程》（GB 11984—2008）规定的技术要求，燃料电池用氢符合《质子交换膜燃料电池汽车用燃料 氢气》（GB/T 37244—2018），纯氢、高纯氢和超纯氢符合《氢气　第 2 部分：纯氢、高纯氢和超纯氢》（GB/T 3634.2—2011）	70%
	2.21	转炉煤气、高炉煤气等，化工尾气，生物质合成气、垃圾气化合成气等	变性燃料乙醇（纯度≥99.5%）	1. 产品原料 85%以上来自所列资源； 2. 乙醇等符合《变性燃料乙醇》（GB 18350—2013）规定的技术要求	70%
	2.22	工业生产过程中产生的余热、余压	电力、热力	产品原料 100%来自所列资源	100%

续表

类别	序号	综合利用的资源名称	综合利用产品和劳务名称	技术标准和相关条件	退税比例
三、再生资源	3.1	废旧电池及其拆解物	金属及镍钴锰氢氧化物、镍钴锰酸锂、金属盐（碳酸锂、氯化锂、氟化锂、氯化钴、硫酸钴、硫酸镍、硫酸锰）、氢氧化锂、磷酸铁锂	1. 产品原料 95%以上来自所列资源； 2. 镍钴锰氢氧化物符合《镍钴锰三元素复合氢氧化物》（GB/T 26300—2020），碳酸锂符合《碳酸锂》（GB/T 11075—2013），氯化锂符合《无水氯化锂》（GB/T 10575—2007），氟化锂符合《氟化锂》（GB/T 22666—2008），氯化钴符合《精制氯化钴》（GB/T 26525—2011），硫酸钴符合《精制硫酸钴》（GB/T 26523—2011），硫酸镍符合《精制硫酸镍》（GB/T 26524—2011），氢氧化锂符合《单水氢氧化锂》（GB/T 8766—2013）规定的技术要求； 3. 从事再生利用的企业，镍、钴、锰的综合回收率应不低于 98%，锂的回收率不低于 85%，稀土等其他主要有价金属综合回收率不低于 97%。采用材料修复工艺的，材料回收率应不低于 90%。工艺废水循环利用率应达 90%以上。	50%

续表

类别	序号	综合利用的资源名称	综合利用产品和劳务名称	技术标准和相关条件	退税比例
三、再生资源	3.2	废显（定）影液、废胶片、废像纸、废感光剂等废感光材料	银	1. 产品原料95%以上来自所列资源； 2. 纳税人必须通过ISO9000、ISO14000认证	30%
	3.3	废旧电机、废旧电线电缆、废铝制易拉罐、报废汽车、报废摩托车、报废船舶、废旧电器电子产品、废旧太阳能光伏器件、废旧灯泡（管），及其拆解物	经冶炼、提纯生产的金属及合金（不包括铁及铁合金）	1. 产品原料70%以上来自所列资源； 2. 法律、法规或规章对相关废旧产品拆解规定了资质条件的，纳税人应当取得相应的资质	30%
	3.4	废催化剂、电解废弃物、电镀废弃物、废旧线路板、烟尘灰、湿法泥、熔炼渣、线路板蚀刻废液、锡箔纸灰	经冶炼、提纯或化合生产的金属、合金及金属化合物（不包括铁及铁合金）、冰晶石	1. 产品原料70%以上来自所列资源； 2. 纳税人必须通过ISO9000、ISO14000认证	30%

续表

类别	序号	综合利用的资源名称	综合利用产品和劳务名称	技术标准和相关条件	退税比例
三、再生资源	3.5	报废汽车、报废摩托车、报废船舶、废旧电器电子产品、废旧农机具、报废机器设备、废旧生活用品、工业边角余料、建筑拆解物等产生或拆解出来的废钢铁	炼钢炉料	1. 产品原料95%以上来自所列资源； 2. 炼钢炉料符合《废钢铁》（GB 4223—2017）规定的技术要求； 3. 法律、法规或规章对相关废旧产品拆解规定了资质条件的，纳税人应当取得相应的资质； 4. 纳税人符合工业和信息化部《废钢铁加工行业准入条件》的相关规定； 5. 炼钢炉料的销售对象应为符合工业和信息化部《钢铁行业规范条件》并公告的钢铁企业（不包含铸造企业）	30%
	3.6	稀土产品加工废料，废弃稀土产品及拆解物	稀土金属及稀土氧化物	1. 产品原料95%以上来自所列资源； 2. 纳税人符合《稀土冶炼行业清洁生产评价指标体系》规定的技术要求	30%

续表

类别	序号	综合利用的资源名称	综合利用产品和劳务名称	技术标准和相关条件	退税比例
三、再生资源	3.7	废塑料、废的塑料复合材料	改性再生塑料、再生塑料颗粒、再生瓶片、塑料粉碎料、再生塑料制品、废的塑料复合材料再生的产物、塑料化学再生的产物	1. 产品原料 70% 以上来自所列资源； 2. 化纤用再生聚酯专用料杂质含量低于 0.5mg/g、水分含量低于 1%，瓶用再生聚对苯二甲酸乙二醇酯（PET）树脂乙醛质量分数小于等于 1μg/g； 3. 纳税人必须通过 ISO9000、ISO14000 认证； 4. 聚对苯二甲酸乙二醇酯（PET）再生瓶片类企业年废塑料处理能力不低于 20000 吨； 5. 塑料再生造粒类企业年废塑料处理能力不低于 3000 吨； 6. 塑料再生加工相关生产环节的综合电耗低于 500 千瓦·时/吨废塑料； 7. 聚对苯二甲酸乙二醇酯（PET）再生瓶片类企业与废塑料破碎、清洗、分选类企业的综合新水消耗低于 1.5 吨/吨废塑料。塑料再生造粒类企业的综合新水消耗低于 0.2 吨/吨废塑料	70%

续表

类别	序号	综合利用的资源名称	综合利用产品和劳务名称	技术标准和相关条件	退税比例
三、再生资源	3.8	废农膜	再生塑料制品、再生塑料颗粒	1. 产品原料70%以上来自所列资源； 2. 纳税人必须通过ISO9000、ISO14000认证	100%
	3.9	废纸、农作物秸秆	纸浆、秸秆浆和纸	1. 产品原料70%以上来自所列资源； 2. 废水排放符合《制浆造纸工业水污染物排放标准》（GB 3544—2008）规定的技术要求； 3. 纳税人符合《制浆造纸行业清洁生产评价指标体系》规定的技术要求； 4. 纳税人必须通过ISO 9000、ISO 14000认证	50%
	3.10	废旧轮胎、废橡胶制品	橡胶粉、翻新轮胎、再生橡胶、废旧轮胎/橡胶再生油、废旧轮胎/橡胶热裂解炭黑	1. 产品原料70%以上来自所列资源； 2. 橡胶粉符合《硫化橡胶粉》（GB/T 19208—2020）；翻新轮胎符合《载重汽车翻新轮胎》（GB 7037—2007）或《轿车翻新轮胎》（GB 14646— 2007）或《工程机械翻新轮胎》（HG/T 3979—2007），再生橡胶符合《再生橡胶 通用	70%

续表

类别	序号	综合利用的资源名称	综合利用产品和劳务名称	技术标准和相关条件	退税比例
三、再生资源	3.10	废旧轮胎、废橡胶制品	橡胶粉、翻新轮胎、再生橡胶、废旧轮胎/橡胶再生油、废旧轮胎/橡胶热裂解炭黑	规范》（GB/T 13460—2016），废轮胎/橡胶再生油符合《废轮胎/橡胶再生油》（T/CTRA 01—2020），废轮胎/橡胶热裂解炭黑符合《废旧轮胎裂解炭黑》（HG/T 5459—2018）、《废轮胎、废橡胶热裂解技术规范》（GB/T 40009—2021）规定的技术要求； 3. 纳税人必须通过 ISO9000、ISO14000 认证； 4. 废旧轮胎综合利用企业厂区土地使用手续合法（租用合同应不少于 15 年）； 5. 轮胎翻新能源消耗：预硫化法综合能源消耗低于 15 千瓦·时/标准折算条，模压法综合能源消耗低于 18 千瓦·时/标准折算条。废轮胎加工处理能源消耗：从整胎破碎起计，再生橡胶生产综合能源消耗低于 850 千瓦·时/吨（新型塑化装备除外）；橡胶粉生产综合能源消耗低于 350 千瓦·时/吨（40 目以上除外）；热裂解处理综合能源消耗低于 200 千瓦·时/吨，其中破碎工序能源消耗低于 120 千瓦·时/吨，热裂解工序能源消耗低于 80 千瓦时/吨	70%

续表

类别	序号	综合利用的资源名称	综合利用产品和劳务名称	技术标准和相关条件	退税比例
三、再生资源	3.11	废弃天然纤维及其制品、化学纤维及其制品、多种废弃纤维混合物及其制品	纤维纱及织布、无纺布、毡、粘合剂及再生聚酯产品、浆粕、再生纤维、复合板材、生态修复材料	1. 生产再生聚酯产品原料 100%来自所列资源； 2. 生产其他产品原料 70%以上来自所列资源。	70%
	3.12	人发	档发	产品原料 90%以上来自所列资源。	70%
	3.13	废玻璃	玻璃熟料	1. 产品原料 90%以上来自所列资源； 2. 产品符合《废玻璃分类及代码》（GB/T 36577—2018）的技术要求； 3. 废玻璃分拣不得采用水洗方式。	90%
	3.14	镉渣	金属镉	产品原料 99%以上来自所列资源。	100%
四、农林剩余物及其他	4.1	厨余垃圾、畜禽粪污、稻壳、花生壳、玉米芯、油茶壳、棉籽壳、三剩物、次小薪材、农作物秸秆、蔗渣，以及利用上述资源发酵产生的沼气	生物质压块、生物质破碎料、生物天然气、热解燃气、沼气、生物油、电力、热力	1. 产品原料或者燃料 80%以上来自所列资源； 2. 纳税人符合《锅炉大气污染物排放标准》（GB 13271—2014）、《火电厂大气污染物排放标准》（GB 13223—2011）或《生活垃圾焚烧污染控制标准》（GB 18485—2014）规定的技术要求。	100%

续表

类别	序号	综合利用的资源名称	综合利用产品和劳务名称	技术标准和相关条件	退税比例
四、农林剩余物及其他	4.2	三剩物、次小薪材、农作物秸秆、沙柳、玉米芯	纤维板、刨花板、细木工板、生物炭、活性炭、栲胶、水解酒精、纤维素、木质素、木糖、阿拉伯糖、糠醛、箱板纸	产品原料95%以上来自所列资源。	90%
	4.3	废弃动物油和植物油	生物柴油、工业级混合油	1. 产品原料70%以上来自所列资源； 2. 工业级混合油的销售对象须为化工企业。	70%
五、资源综合利用劳务	5.1	垃圾处理、污泥处理处置劳务		生活垃圾处理应满足《生活垃圾焚烧污染控制标准》（GB 18485—2014）或《生活垃圾填埋场污染控制标准》（GB 16889—2008）规定的技术要求。	70%
	5.2	污水处理劳务		污水经加工处理后符合《城镇污水处理厂污染物排放标准》（GB 18918—2002）规定的技术要求或达到相应的国家或地方水污染物排放标准中的直接排放限值。	70%

续表

类别	序号	综合利用的资源名称	综合利用产品和劳务名称	技术标准和相关条件	退税比例
五、资源综合利用劳务	5.3	工业废气处理劳务		工业废气经治理、处理后符合《大气污染物综合排放标准》（GB 16297—1996）规定的技术要求或达到相应的国家或地方大气污染物排放标准中的直接排放限值。	70%

备注：

1. 概念和定义。

“纳税人”，是指从事表中所列的资源综合利用项目的增值税一般纳税人。

“废渣”，是指采矿选矿废渣、冶炼废渣、化工废渣和其他废渣。其中，采矿选矿废渣（不包括石灰石废渣），是指在矿产资源开采加工过程中产生的煤矸石、粉末、粉尘和污泥；冶炼废渣，是指转炉渣、电炉渣、铁合金炉渣、氧化铝赤泥、电解金属锰浸出渣和有色金属灰渣，但不包括高炉水渣。

化工废渣，是指硫铁矿渣、硫铁矿煅烧渣、硫酸渣、硫石膏、磷石膏、磷矿煅烧渣、含氰废渣、电石渣、磷肥渣、硫磺渣、碱渣、含钡废渣、铬渣、盐泥、总溶剂渣、黄磷渣、柠檬酸渣、脱硫石膏、氟石膏、钛石膏和废石膏模、锰渣。

其他废渣，是指粉煤灰、燃煤炉渣、江河（湖、海、渠）道淤泥、淤沙、建筑垃圾、废玻璃、污水处理厂处理污水产生的污泥。

“蔗渣”，是指以甘蔗为原料的制糖生产过程中产生的含纤维 50%左右的固体废弃物。

“再生水”，是指对污水处理厂出水、工业排水（矿井水）、生活污水、垃圾处理厂渗透（滤）液等水源进行回收，经适当处理后达到一定水质标准，并在一定范围内重复利用的水资源。

“冶炼”，是指通过焙烧、熔炼、电解以及使用化学药剂等方法把原料中的金属提取出来，减少金属中所含的杂质或增加金属中某种成分，炼成所需要的金属。冶炼包括火法冶炼、湿法提取或电化学沉积。

“烟尘灰”，是指金属冶炼厂火法冶炼过程中，为保护环境经除尘器（塔）收集的粉灰状及泥状残料物。

“湿法泥”，是指湿法冶炼生产排出的污泥，经集中环保处置后产生的中和渣，且具有一定回收价值的污泥状废弃物。

“熔炼渣”，是指有色金属火法冶炼过程中，由于比重的差异，金属成分因比重大沉底形成金属锭，而比重较小的硅、铁、钙等化合物浮在金属表层形成的废渣。

“农作物秸秆”，是指农业生产过程中，收获了粮食作物（指稻谷、小麦、玉米、薯类等）、油料作物（指油菜籽、花生、大豆、葵花籽、芝麻籽、胡麻籽等）、棉花、麻类、糖料、烟叶、药材、花卉、蔬菜和水果等以后残留的茎秆。

“三剩物”，是指采伐剩余物（指枝丫、树梢、树皮、树叶、树根及藤条、灌木等）、造材剩余物（指造材截头）和加工剩余物（指板皮、板条、木竹截头、锯沫、碎单板、木芯、刨花、木块、篾黄、边角余料等）。

“次小薪材”，是指次加工材（指材质低于针、阔叶树加工用原木最低等级但具有一定利用价值的次加工原木，按《次加工原木》（LY/T 1369—2011）标准执行）、小径材（指长度在 2 米以下或径级 8 厘米以下的小原木条、松木杆、脚手杆、杂木杆、短原木等）和薪材。

“垃圾”，是指城市生活垃圾、农作物秸秆、树皮废渣、污泥、合成革及化纤废弃物、病死畜禽等养殖废弃物等垃圾。

“垃圾处理”，是指运用填埋、焚烧、综合处理和回收利用等形式，对垃圾进行减量化、资源化和无害化处理处置的业务，其中包括砷碱渣、含砷废渣处置劳务。

“污水处理”，是指将污水（包括城镇污水、农村污水和工业废水）处理后达到《城镇污水处理厂污染物排放标准》（GB 18918—2002），或达到相应的国家或地方水污染物排放标准中的直接排放限值的业务。其中，城镇污水是指城镇居民生活污水，机关、学校、医院、商业服务机构及各种公共设施排水，以及允许排入城镇污水收集系统的工业废水和初期雨水。农村污水主要是指农村居民生活产生的污水，主要包括厕所污水和生活杂排水。工业废水是指工业生产过程中产生的，不允许排入城镇污水收集系统的废水和废液。

“污泥处理处置”，是指对污水处理后产生的污泥进行稳定化、减量化和无害化处理处置的业务。

2. 综合利用的资源比例计算方式。

（1）综合利用的资源占生产原料或者燃料的比重，以重量比例计算。其中，水泥、水泥熟料原料中掺兑废渣的比重，按以下方法计算：

① 对经生料烧制和熟料研磨阶段生产的水泥，其掺兑废渣比例计算公式为：掺兑废渣比例＝（生料烧制阶段掺兑废渣

数量＋熟料研磨阶段掺兑废渣数量）÷（除废渣以外的生料数量＋生料烧制和熟料研磨阶段掺兑废渣数量＋其他材料数量）×100％；

② 对外购水泥熟料采用研磨工艺生产的水泥，其掺兑废渣比例计算公式为：掺兑废渣比例＝熟料研磨阶段掺兑废渣数量÷（熟料数量＋熟料研磨阶段掺兑废渣数量＋其他材料数量）×100％；

③ 对生料烧制的水泥熟料，其掺兑废渣比例计算公式为：掺兑废渣比例＝生料烧制阶段掺兑废渣数量÷（除废渣以外的生料数量＋生料烧制阶段掺兑废渣数量＋其他材料数量）×100％。

（2）综合利用的资源为余热、余压的，按其占生产电力、热力消耗的能源比例计算。

3. 表中所列综合利用产品，应当符合相应的国家或行业标准。既有国家标准又有行业标准的，应当符合相对高的标准；没有国家标准或行业标准的，应当符合按规定向质量技术监督部门备案的企业标准。

4. 表中所称“以上”均含本数。

4　污染防治

4.1

中共中央　国务院关于深入打好污染防治攻坚战的意见

（2021 年 11 月 2 日）

良好生态环境是实现中华民族永续发展的内在要求，是增进民生福祉的优先领域，是建设美丽中国的重要基础。党的十八大以来，以习近平同志为核心的党中央全面加强对生态文明建设和生态环境保护的领导，开展了一系列根本性、开创性、长远性工作，推动污染防治的措施之实、力度之大、成效之显著前所未有，污染防治攻坚战阶段性目标任务圆满完成，生态环境明显改善，人民群众获得感显著增强，厚植了全面建成小康社会的绿色底色和质量成色。同时应该看到，我国生态环境保护结构性、根源性、趋势性压力总体上尚未根本缓解，重点区域、重点行业污染问题仍然突出，实现碳达峰、碳中和任务艰巨，生态环境保护任重道远。为进一步加强生态环境保护，深入打好污染防治攻坚战，现提出如下意见。

一、总体要求

（一）指导思想。以习近平新时代中国特色社会主义思想为指导，全面贯彻党的十九大和十九届二中、三中、四中、五中全会精神，深入贯彻习近平生态文明思想，坚持以人民为中心的发展思想，立足新发展阶段，完整、准确、全面贯彻新发展理念，构建新发展格局，以实现减污降碳协同增效为总抓手，以改善生态环境质量为核心，以精准治污、科学治污、依法治污为工作方针，统筹污染治理、生态保护、应对气候变化，保持力度、延伸深度、拓宽广度，以更高标准打好蓝天、碧水、净土保卫战，以高水平保护推动高质量发展、创造高品质生活，努力建设人与自然和谐共生的美丽中国。

（二）工作原则

——坚持方向不变、力度不减。保持战略定力，坚定不移走生态优先、绿色发展之路，巩固拓展“十三五”时期污染防治攻坚成果，继续打好一批标志性战役，接续攻坚、久久为功。

——坚持问题导向、环保为民。把人民群众反映强烈的突出生态环境问题摆上重要议事日程，不断加以解决，增强广大人民群众的获得感、幸福感、安全感，以生态环境保护实际成效取信于民。

——坚持精准科学、依法治污。遵循客观规律，抓住主要矛盾和矛盾的主要方面，因地制宜、科学施策，落实最严格制度，加强全过程监管，提高污染治理的针对性、科学性、有效性。

——坚持系统观念、协同增效。推进山水林田湖草沙一体化保护和修复，强化多污染物协同控制和区域协同治理，注重综合治理、系统治理、源头治理，保障国家重大战略实施。

——坚持改革引领、创新驱动。深入推进生态文明体制改革，完善生态环境保护领导体制和工作机制，加大技术、政策、管理创新力度，加快构建现代环境治理体系。

（三）主要目标

到2025年，生态环境持续改善，主要污染物排放总量持续下降，单位国内生产总值二氧化碳排放比2020年下降18%，地级及以上城市细颗粒物（PM2.5）浓度下降10%，空气质量优良天数比率达到87.5%，地表水Ⅰ—Ⅲ类水体比例达到85%，近岸海域水质优良（一、二类）比例达到79%左右，重污染天气、城市黑臭水体基本消除，土壤污染风险得到有效管控，固体废物和新污染物治理能力明显增强，生态系统质量和稳定性持续提升，生态环境治理体系更加完善，生态文明建设实现新进步。

到2035年，广泛形成绿色生产生活方式，碳排放达峰后稳中有降，生态环境根本好转，美丽中国建设目标基本实现。

二、加快推动绿色低碳发展

（四）深入推进碳达峰行动。处理好减污降碳和能源安全、产业链供应链安全、粮食安全、群众正常生活的关系，落实2030年应对气候变化国家自主贡献目标，以能源、工业、城乡建设、交通运输等领域和钢铁、有色金属、建材、石化化工等行业为重点，深入开展碳达峰行动。在国家统一规划的前提下，支持有条件的地方和重点行业、重点企业率先达峰。统筹建立二氧化碳排放总量控制制度。建设完善全国碳排放权交易市场，有序扩大覆盖范围，丰富交易品种和交易方式，并纳入全国统一公共资源交易平台。加强甲烷等非二氧化碳温室气体排放管控。制定《国家适应气候变化战略2035》。大力推进低碳和适应气候变化试点工作。健全排放源统计调查、核算核查、监管制度，将温室气体管控纳入环评管理。

（五）聚焦国家重大战略打造绿色发展高地。强化京津冀协同发展生态环境联建联防联治，打造雄安新区绿色高质量发展“样板之城”。积极推动长江经济带成为我国生态优先绿色发展主战场，深化长三角地区生态环境共保联治。扎实推动黄河流域生态保护和高质量发展。加快建设美丽粤港澳大湾区。加强海南自由贸易港生态环境保护和建设。

（六）推动能源清洁低碳转型。在保障能源安全的前提下，加快煤炭减量步伐，实施可再生能源替代行动。“十四五”时期，严控煤炭消费增长，非化石能源消费比重提高到20%左右，京津冀及周边地区、长三角地区煤炭消费量分别下降10%、5%左右，汾渭平原煤炭消费量实现负增长。原则上不再新增自备燃煤机组，支持自备燃煤机组实施清洁能源替代，鼓励自备电厂转为公用电厂。坚持“增气减煤”同步，新增天然气优先保障居民生活和清洁取暖需求。提高电能占终端能源消费比重。重点区域的平原地区散煤基本清零。有序扩大清洁取暖试点城市范围，稳步提升北方地区清洁取暖水平。

（七）坚决遏制高耗能高排放项目盲目发展。严把高耗能高排放项目准入关口，严格落实污染物排放区域削减要求，对不符合规定的项目坚决停批停建。依法依规淘汰落后产能和化解过剩产能。推动高炉—转炉长流程炼钢转型为电炉短流程炼钢。重点区域严禁新增钢铁、焦化、水泥熟料、平板玻璃、电解铝、氧化铝、煤化工产能，合理控制煤制油气产能规模，严控新增炼油产能。

（八）推进清洁生产和能源资源节约高效利用。引导重点行业深入实施清洁生产改造，依法开展自愿性清洁生产评价认证。大力推行绿色制造，构建资源循环利用体系。推动煤炭等化石能源清洁高效利用。加强重点领域节能，提高能源使用效率。实施国家节水行动，强化农业节水增效、工业节水减排、城镇节水降损。推进污水资源化利用和海水淡化规模化利用。

（九）加强生态环境分区管控。衔接国土空间规划分区和用途管制要求，将生态保护红线、环境质量底线、资源利用上线的硬约束落实到环境管控单元，建立差别化的生态环境准入清单，加强“三线一单”成果在政策制定、环境准入、园区管理、执法监管等方面的应用。健全以环评制度为主体的源头预防体系，严格规划环评审查和项目环评准入，开展重大经济技术政策的生态环境影响分析和重大生态环境政策的社会经济影响评估。

（十）加快形成绿色低碳生活方式。把生态文明教育纳入国民教育体系，增强全民节约意识、环保意识、生态意识。因地制宜推行垃圾分类制度，加快快递包装绿色转型，加强塑料污染全链条防治。深入开展绿色生活创建行动。建立绿色消费激励机制，推进绿色产品认证、标识体系建设，营造绿色低碳生活新时尚。

三、深入打好蓝天保卫战

（十一）着力打好重污染天气消除攻坚战。聚焦秋冬季细颗粒物污染，加大重点区域、重点行业结构调整和污染治理力度。京津冀及周边地区、汾渭平原持续开展秋冬季大气污染综合治理专项行动。东北地区加强秸秆禁烧管控和采暖燃煤污染治理。天山北坡城市群加强兵地协作，钢铁、有色金属、化工等行业参照重点区域执行重污染天气应急减排措施。科学调整大气污染防治重点区域范围，构建省市县三级重污染天气应急预案体系，实施重点行业企业绩效分级管理，依法严厉打击不落实应急减排措施行为。到 2025 年，全国重度及以上污染天数比率控制在1%以内。

（十二）着力打好臭氧污染防治攻坚战。聚焦夏秋季臭氧污染，大力推进挥发性有机物和氮氧化物协同减排。以石化、化工、涂装、医药、包装印刷、油品储运销等行业领域为重点，安全高效推进挥发性有机物综合治理，实施原辅材料和产品源头替代工程。完善挥发性有机物产品标准体系，建立低挥发性有机物含量产品标识制度。完善挥发性有机物监测技术和排放量计算方法，在相关条件成熟后，研究适时将挥发性有机物纳入环境保护税征收范围。推进钢铁、水泥、焦化行业企业超低排放改造，重点区域钢铁、燃煤机组、燃煤锅炉实现超低排放。开展涉气产业集群排查及分类治理，推进企业升级改造和区域环境综合整治。到2025年，挥发性有机物、氮氧化物排放总量比2020年分别下降10%以上，臭氧浓度增长趋势得到有效遏制，实现细颗粒物和臭氧协同控制。

（十三）持续打好柴油货车污染治理攻坚战。深入实施清洁柴油车（机）行动，全国基本淘汰国三及以下排放标准汽车，推动氢燃料电池汽车示范应用，有序推广清洁能源汽车。进一步推进大中城市公共交通、公务用车电动化进程。不断提高船舶靠港岸电使用率。实施更加严格的车用汽油质量标准。加快大宗货物和中长途货物运输“公转铁”“公转水”，大力发展公铁、铁水等多式联运。“十四五”时期，铁路货运量占比提高0.5个百分点，水路货运量年均增速超过2%。

（十四）加强大气面源和噪声污染治理。强化施工、道路、堆场、裸露地面等扬尘管控，加强城市保洁和清扫。加大餐饮油烟污染、恶臭异味治理力度。强化秸秆综合利用和禁烧管控。到2025年，京津冀及周边地区大型规模化养殖场氨排放总量比2020年下降5%。深化消耗臭氧层物质和氢氟碳化物环境管理。实施噪声污染防治行动，加快解决群众关心的突出噪声问题。到2025年，地级及以上城市全面实现功能区声环境质量自动监测，全国声环境功能区夜间达标率达到85%。

四、深入打好碧水保卫战

（十五）持续打好城市黑臭水体治理攻坚战。统筹好上下游、左右岸、干支流、城市和乡村，系统推进城市黑臭水体治理。加强农业农村和工业企业污染防治，有效控制入河污染物排放。强化溯源整治，杜绝污水直接排入雨水管网。推进城镇污水管网全覆盖，对进水情况出现明显异常的污水处理厂，开展片区管网系统化整治。因地制宜开展水体内源污染治理和生态修复，增强河湖自净功能。充分发挥河长制、湖长制作用，巩固城市黑臭水体治理成效，建立防止返黑返臭的长效机制。2022年6月底前，县级城市政府完成建成区内黑臭水体排查并制定整治方案，统一公布黑臭水体清单及达标期限。到2025年，县级城市建成区基本消除黑臭水体，京津冀、长三角、珠三角等区域力争提前1年完成。

（十六）持续打好长江保护修复攻坚战。推动长江全流域按单元精细化分区管控。狠抓突出生态环境问题整改，扎实推进城镇污水垃圾处理和工业、农业面源、船舶、尾矿库等污染治理工程。加强渝湘黔交界武陵山区“锰三角”污染综合整治。持续开展工业园区污染治理、“三磷”行业整治等专项行动。推进长江岸线生态修复，巩固小水电清理整改成果。实施好长江流域重点水域十年禁渔，有效恢复长江水生生物多样性。建立健全长江流域水生态环境考核评价制度并抓好组织实施。加强太湖、巢湖、滇池等重要湖泊蓝藻水华防控，开展河湖水生植被恢复、氮磷通量监测等试点。到2025年，长江流域总体水质保持为优，干流水质稳定达到Ⅱ类，重要河湖生态用水得到有效保障，水生态质量明显提升。

（十七）着力打好黄河生态保护治理攻坚战。全面落实以水定城、以水定地、以水定人、以水定产要求，实施深度节水控水行动，严控高耗水行业发展。维护上游水源涵养功能，推动以草定畜、定牧。加强中游水土流失治理，开展汾渭平原、河套灌区等农业面源污染治理。实施黄河三角洲湿地保护修复，强化黄河河口综合治理。加强沿黄河城镇污水处理设施及配套管网建设，开展黄河流域“清废行动”，基本完成尾矿库污染治理。到2025年，黄河干流上中游（花园口以上）水质达到Ⅱ类，干流及主要支流生态流量得到有效保障。

（十八）巩固提升饮用水安全保障水平。加快推进城市水源地规范化建设，加强农村水源地保护。基本完成乡镇级水源保护区划定、立标并开展环境问题排查整治。保障南水北调等重大输水工程水质安全。到2025年，全国县级及以上城市集中式饮用水水源水质达到或优于Ⅲ类比例总体高于93%。

（十九）着力打好重点海域综合治理攻坚战。巩固深化渤海综合治理成果，实施长江口—杭州湾、珠江口邻近海域污染防治行动，“一湾一策”实施重点海湾综合治理。深入推进入海河流断面水质改善、沿岸直排海污染源整治、海水养殖环境治理，加强船舶港口、海洋垃圾等污染防治。推进重点海域生态系统保护修复，加强海洋伏季休渔监管执法。推进海洋环境风险排查整治和应急能力建设。到2025年，重点海域水质优良比例比2020年提升2个百分点左右，省控及以上河流入海断面基本消除劣Ⅴ类，滨海湿地和岸线得到有效保护。

（二十）强化陆域海域污染协同治理。持续开展入河入海排污口“查、测、溯、治”，到2025年，基本完成长江、黄河、渤海及赤水河等长江重要支流排污口整治。完善水污染防治流域协同机制，深化海河、辽河、淮河、松花江、珠江等重点流域综合治理，推进重要湖泊污染防治和生态修复。沿海城市加强固定污染源总氮排放控制和面源污染治理，实施入海河流总氮削减工程。建成一批具有全国示范价值的美丽河湖、美丽海湾。

五、深入打好净土保卫战

（二十一）持续打好农业农村污染治理攻坚战。注重统筹规划、有效衔接，因地制宜推进农村厕所革命、生活污水治理、生活垃圾治理，基本消除较大面积的农村黑臭水体，改善农村人居环境。实施化肥农药减量增效行动和农膜回收行动。加强种养结合，整县推进畜禽粪污资源化利用。规范工厂化水产养殖尾水排污口设置，在水产养殖主产区推进养殖尾水治理。到2025年，农村生活污水治理率达到40%，化肥农药利用率达到43%，全国畜禽粪污综合利用率达到80%以上。

（二十二）深入推进农用地土壤污染防治和安全利用。实施农用地土壤镉等重金属污染源头防治行动。依法推行农用地分类管理制度，强化受污染耕地安全利用和风险管控，受污染耕地集中的县级行政区开展污染溯源，因地制宜制定实施安全利用方案。在土壤污染面积较大的100个县级行政区推进农用地安全利用示范。严格落实粮食收购和销售出库质量安全检验制度和追溯制度。到2025年，受污染耕地安全利用率达到93%左右。

（二十三）有效管控建设用地土壤污染风险。严格建设用地土壤污染风险管控和修复名录内地块的准入管理。未依法完成土壤污染状况调查和风险评估的地块，不得开工建设与风险管控和修复无关的项目。从严管控农药、化工等行业的重度污染地块规划用途，确需开发利用的，鼓励用于拓展生态空间。完成重点地区危险化学品生产企业搬迁改造，推进腾退地块风险管控和修复。

（二十四）稳步推进“无废城市”建设。健全“无废城市”建设相关制度、技术、市场、监管体系，推进城市固体废物精细化管理。“十四五”时期，推进100个左右地级及以上城市开展“无废城市”建设，鼓励有条件的省份全域推进“无废城市”建设。

（二十五）加强新污染物治理。制定实施新污染物治理行动方案。针对持久性有机污染物、内分泌干扰物等新污染物，实施调查监测和环境风险评估，建立健全有毒有害化学物质环境风险管理制度，强化源头准入，动态发布重点管控新污染物清单及其禁止、限制、限排等环境风险管控措施。

（二十六）强化地下水污染协同防治。持续开展地下水环境状况调查评估，划定地下水型饮用水水源补给区并强化保护措施，开展地下水污染防治重点区划定及污染风险管控。健全分级分类的地下水环境监测评价体系。实施水土环境风险协同防控。在地表水、地下水交互密切的典型地区开展污染综合防治试点。

六、切实维护生态环境安全

（二十七）持续提升生态系统质量。实施重要生态系统保护和修复重大工程、山水林田湖草沙一体化保护和修复工程。科学推进荒漠化、石漠化、水土流失综合治理和历史遗留矿山生态修复，开展大规模国土绿化行动，实施河口、海湾、滨海湿地、典型海洋生态系统保护修复。推行草原森林河流湖泊休养生息，加强黑土地保护。有效应对气候变化对冰冻圈融化的影响。推进城市生态修复。加强生态保护修复监督评估。到2025年，森林覆盖率达到24.1％，草原综合植被盖度稳定在57％左右，湿地保护率达到55％。

（二十八）实施生物多样性保护重大工程。加快推进生物多样性保护优先区域和国家重大战略区域调查、观测、评估。完善以国家公园为主体的自然保护地体系，构筑生物多样性保护网络。加大珍稀濒危野生动植物保护拯救力度。加强生物遗传资源保护和管理，严格外来入侵物种防控。

（二十九）强化生态保护监管。用好第三次全国国土调查成果，构建完善生态监测网络，建立全国生态状况评估报告制度，加强重点区域流域海域、生态保护红线、自然保护地、县域重点生态功能区等生态状况监测评估。加强自然保护地和生态保护红线监管，依法加大生态破坏问题监督和查处力度，持续推进“绿盾”自然保护地强化监督专项行动。深入推动生态文明建设示范创建、“绿水青山就是金山银山”实践创新基地建设和美丽中国地方实践。

（三十）确保核与辐射安全。坚持安全第一、质量第一，实行最严格的安全标准和最严格的监管，持续强化在建和运行核电厂安全监管，加强核安全监管制度、队伍、能力建设，督促营运单位落实全面核安全责任。严格研究堆、核燃料循环设施、核技术利用等安全监管，积极稳妥推进放射性废物、伴生放射性废物处置，加强电磁辐射污染防治。强化风险预警监测和应急响应，不断提升核与辐射安全保障能力。

（三十一）严密防控环境风险。开展涉危险废物涉重金属企业、化工园区等重点领域环境风险调查评估，完成重点河流突发水污染事件“一河一策一图”全覆盖。开展涉铊企业排查整治行动。加强重金属污染防控，到2025年，全国重点行业重点重金属污染物排放量比2020年下降5%。强化生态环境与健康管理。健全国家环境应急指挥平台，推进流域及地方环境应急物资库建设，完善环境应急管理体系。

七、提高生态环境治理现代化水平

（三十二）全面强化生态环境法治保障。完善生态环境保护法律法规和适用规则，在法治轨道上推进生态环境治理，依法对生态环境违法犯罪行为严惩重罚。推进重点区域协同立法，探索深化区域执法协作。完善生态环境标准体系，鼓励有条件的地方制定出台更加严格的标准。健全生态环境损害赔偿制度。深化环境信息依法披露制度改革。加强生态环境保护法律宣传普及。强化生态环境行政执法与刑事司法衔接，联合开展专项行动。

（三十三）健全生态环境经济政策。扩大环境保护、节能节水等企业所得税优惠目录范围，完善绿色电价政策。大力发展绿色信贷、绿色债券、绿色基金，加快发展气候投融资，在环境高风险领域依法推行环境污染强制责任保险，强化对金融机构的绿色金融业绩评价。加快推进排污权、用能权、碳排放权市场化交易。全面实施环保信用评价，发挥环境保护综合名录的引导作用。完善市场化多元化生态保护补偿，推动长江、黄河等重要流域建立全流域生态保护补偿机制，建立健全森林、草原、湿地、沙化土地、海洋、水流、耕地等领域生态保护补偿制度。

（三十四）完善生态环境资金投入机制。各级政府要把生态环境作为财政支出的重点领域，把生态环境资金投入作为基础性、战略性投入予以重点保障，确保与污染防治攻坚任务相匹配。加快生态环境领域省以下财政事权和支出责任划分改革。加强有关转移支付分配与生态环境质量改善相衔接。综合运用土地、规划、金融、税收、价格等政策，引导和鼓励更多社会资本投入生态环境领域。

（三十五）实施环境基础设施补短板行动。构建集污水、垃圾、固体废物、危险废物、医疗废物处理处置设施和监测监管能力于一体的环境基础设施体系，形成由城市向建制镇和乡村延伸覆盖的环境基础设施网络。开展污水处理厂差别化精准提标。优先推广运行费用低、管护简便的农村生活污水治理技术，加强农村生活污水处理设施长效化运行维护。推动省域内危险废物处置能力与产废情况总体匹配，加快完善医疗废物收集转运处置体系。

（三十六）提升生态环境监管执法效能。全面推行排污许可“一证式”管理，建立基于排污许可证的排污单位监管执法体系和自行监测监管机制。建立健全以污染源自动监控为主的非现场监管执法体系，强化关键工况参数和用水用电等控制参数自动监测。加强移动源监管能力建设。深入开展生活垃圾焚烧发电行业达标排放专项整治。全面禁止进口“洋垃圾”。依法严厉打击危险废物非法转移、倾倒、处置等环境违法犯罪，严肃查处环评、监测等领域弄虚作假行为。

（三十七）建立完善现代化生态环境监测体系。构建政府主导、部门协同、企业履责、社会参与、公众监督的生态环境监测格局，建立健全基于现代感知技术和大数据技术的生态环境监测网络，优化监测站网布局，实现环境质量、生态质量、污染源监测全覆盖。提升国家、区域流域海域和地方生态环境监测基础能力，补齐细颗粒物和臭氧协同控制、水生态环境、温室气体排放等监测短板。加强监测质量监督检查，确保数据真实、准确、全面。

（三十八）构建服务型科技创新体系。组织开展生态环境领域科技攻关和技术创新，规范布局建设各类创新平台。加快发展节能环保产业，推广生态环境整体解决方案、托管服务和第三方治理。构建智慧高效的生态环境管理信息化体系。加强生态环境科技成果转化服务，组织开展百城千县万名专家生态环境科技帮扶行动。

八、加强组织实施

（三十九）加强组织领导。全面加强党对生态环境保护工作的领导，进一步完善中央统筹、省负总责、市县抓落实的攻坚机制。强化地方各级生态环境保护议事协调机制作用，研究推动解决本地区生态环境保护重要问题，加强统筹协调，形成工作合力，确保日常工作机构有场所、有人员、有经费。加快构建减污降碳一体谋划、一体部署、一体推进、一体考核的制度机制。研究制定强化地方党政领导干部生态环境保护责任有关措施。

（四十）强化责任落实。地方各级党委和政府要坚决扛起生态文明建设政治责任，深入打好污染防治攻坚战，把解决群众身边的生态环境问题作为“我为群众办实事”实践活动的重要内容，列出清单、建立台账，长期坚持、确保实效。各有关部门要全面落实生态环境保护责任，细化实化污染防治攻坚政策措施，分工协作、共同发力。各级人大及其常委会加强生态环境保护立法和监督。各级政协加大生态环境保护专题协商和民主监督力度。各级法院和检察院加强环境司法。生态环境部要做好任务分解，加强调度评估，重大情况及时向党中央、国务院报告。

（四十一）强化监督考核。完善中央生态环境保护督察制度，健全中央和省级两级生态环境保护督察体制，将污染防治攻坚战任务落实情况作为重点，深化例行督察，强化专项督察。深入开展重点区域、重点领域、重点行业监督帮扶。继续开展污染防治攻坚战成效考核，完善相关考核措施，强化考核结果运用。

（四十二）强化宣传引导。创新生态环境宣传方式方法，广泛传播生态文明理念。构建生态环境治理全民行动体系，发展壮大生态环境志愿服务力量，深入推动环保设施向公众开放，完善生态环境信息公开和有奖举报机制。积极参与生态环境保护国际合作，讲好生态文明建设“中国故事”。

（四十三）强化队伍建设。完善省以下生态环境机构监测监察执法垂直管理制度，全面推进生态环境监测监察执法机构能力标准化建设。将生态环境保护综合执法机构列入政府行政执法机构序列，统一保障执法用车和装备。持续加强生态环境保护铁军建设，锤炼过硬作风，严格对监督者的监督管理。注重选拔在生态文明建设和生态环境保护工作中敢于负责、勇于担当、善于作为、实绩突出的干部。按照有关规定表彰在污染防治攻坚战中成绩显著、贡献突出的先进单位和个人。

4.2

关于印发减污降碳协同增效实施方案的通知

环综合〔2022〕42号

各省、自治区、直辖市和新疆生产建设兵团生态环境厅（局）、发展改革委、工业和信息化主管部门、住房和城乡建设厅（局）、交通运输厅（局、委）、农业农村（农牧）厅（局、委）、能源局：

《减污降碳协同增效实施方案》已经碳达峰碳中和工作领导小组同意，现印发给你们，请结合实际认真贯彻落实。

生态环境部
国家发展和改革委员会
工业和信息化部
住房和城乡建设部
交通运输部
农业农村部
国家能源局
2022年6月10日

（此件社会公开）

抄送：教育部、科技部、司法部、财政部、自然资源部、水利部、商务部、人民银行、税务总局、市场监管总局、统计局、国管局、气象局、银保监会、证监会、林草局、乡村振兴局，中国国家铁路集团有限公司，各省、自治区、直辖市人民政府，新疆生产建设兵团。

生态环境部办公厅 2022 年 6 月 13 日印发

减污降碳协同增效实施方案

为深入贯彻落实党中央、国务院关于碳达峰碳中和决策部署，落实新发展阶段生态文明建设有关要求，协同推进减污降碳，实现一体谋划、一体部署、一体推进、一体考核，制定本实施方案。

一、面临形势

党的十八大以来，我国生态文明建设和生态环境保护取得历史性成就，生态环境质量持续改善，碳排放强度显著降低。但也要看到，我国发展不平衡、不充分问题依然突出，生态环境保护形势依然严峻，结构性、根源性、趋势性压力总体上尚未根本缓解，实现美丽中国建设和碳达峰碳中和目标愿景任重道远。与发达国家基本解决环境污染问题后转入强化碳排放控制阶段不同，当前我国生态文明建设同时面临实现生态环境根本好转和碳达峰碳中和两大战略任务，生态环境多目标治理要求进一步凸显，协同推进减污降碳已成为我国新发展阶段经济社会发展全面绿色转型的必然选择。

面对生态文明建设新形势新任务新要求，基于环境污染物和碳排放高度同根同源的特征，必须立足实际，遵循减污降碳内在规律，强化源头治理、系统治理、综合治理，切实发挥好降碳行动对生态环境质量改善的源头牵引作用，充分利用现有生态环境制度体系协同促进低碳发展，创新政策措施，优化治理路线，推动减污降碳协同增效。

二、总体要求

（一）指导思想。

以习近平新时代中国特色社会主义思想为指导，全面贯彻党的十九大和十九届历次全会精神，按照党中央、国务院决策部署，深入贯彻习近平生态文明思想，坚持稳中求进工作总基调，立足新发展阶段，完整、准确、全面贯彻新发展理念，构建新发展格局，推动高质量发展，把实现减污降碳协同增效作为促进经济社会发展全面绿色转型的总抓手，锚定美丽中国建设和碳达峰碳中和目标，科学把握污染防治和气候治理的整体性，以结构调整、布局优化为关键，以优化治理路径为重点，以政策协同、机制创新为手段，完善法规标准，强化科技支撑，全面提高环境治理综合效能，实现环境效益、气候效益、经济效益多赢。

（二）工作原则。

突出协同增效。坚持系统观念，统筹碳达峰碳中和与生态环境保护相关工作，强化目标协同、区域协同、领域协同、任务协同、政策协同、监管协同，增强生态环境政策与能源产业政策协同性，以碳达峰行动进一步深化环境治理，以环境治理助推高质量达峰。

强化源头防控。紧盯环境污染物和碳排放主要源头，突出主要领域、重点行业和关键环节，强化资源能源节约和高效利用，加快形成有利于减污降碳的产业结构、生产方式和生活方式。

优化技术路径。统筹水、气、土、固废、温室气体等领域减排要求，优化治理目标、治理工艺和技术路线，优先采用基于自然的解决方案，加强技术研发应用，强化多污染物与温室气体协同控制，增强污染防治与碳排放治理的协调性。

注重机制创新。充分利用现有法律、法规、标准、政策体系和统计、监测、监管能力，完善管理制度、基础能力和市场机制，一体推进减污降碳，形成有效激励约束，有力支撑减污降碳目标任务落地实施。

鼓励先行先试。发挥基层积极性和创造力，创新管理方式，形成各具特色的典型做法和有效模式，加强推广应用，实现多层面、多领域减污降碳协同增效。

（三）主要目标。

到2025年，减污降碳协同推进的工作格局基本形成；重点区域、重点领域结构优化调整和绿色低碳发展取得明显成效；形成一批可复制、可推广的典型经验；减污降碳协同度有效提升。

到2030年，减污降碳协同能力显著提升，助力实现碳达峰目标；大气污染防治重点区域碳达峰与空气质量改善协同推进取得显著成效；水、土壤、固体废物等污染防治领域协同治理水平显著提高。

三、加强源头防控

（四）强化生态环境分区管控。构建城市化地区、农产品主产区、重点生态功能区分类指导的减污降碳政策体系。衔接国土空间规划分区和用途管制要求，将碳达峰碳中和要求纳入

“三线一单”（生态保护红线、环境质量底线、资源利用上线和生态环境准入清单）分区管控体系。增强区域环境质量改善目标对能源和产业布局的引导作用，研究建立以区域环境质量改善和碳达峰目标为导向的产业准入及退出清单制度。加大污染严重地区结构调整和布局优化力度，加快推动重点区域、重点流域落后和过剩产能退出。依法加快城市建成区重污染企业搬迁改造或关闭退出。（生态环境部、国家发展改革委、工业和信息化部、自然资源部、水利部按职责分工负责）

（五）加强生态环境准入管理。坚决遏制高耗能、高排放、低水平项目盲目发展，高耗能、高排放项目审批要严格落实国家产业规划、产业政策、“三线一单”、环评审批、取水许可审批、节能审查以及污染物区域削减替代等要求，采取先进适用的工艺技术和装备，提升高耗能项目能耗准入标准，能耗、物耗、水耗要达到清洁生产先进水平。持续加强产业集群环境治理，明确产业布局和发展方向，高起点设定项目准入类别，引导产业向“专精特新”转型。在产业结构调整指导目录中考虑减污降碳协同增效要求，优化鼓励类、限制类、淘汰类相关项目类别。优化生态环境影响相关评价方法和准入要求，推动在沙漠、戈壁、荒漠地区加快规划建设大型风电光伏基地项目。大气污染防治重点区域严禁新增钢铁、焦化、炼油、电解铝、水泥、平板玻璃（不含光伏玻璃）等产能。（生态环境部、国家发展改革委、工业和信息化部、水利部、市场监管总局、国家能源局按职责分工负责）

（六）推动能源绿色低碳转型。统筹能源安全和绿色低碳发展，推动能源供给体系清洁化低碳化和终端能源消费电气化。实施可再生能源替代行动，大力发展风能、太阳能、生物质能、海洋能、地热能等，因地制宜开发水电，开展小水电绿色改造，在严监管、确保绝对安全前提下有序发展核电，不断提高非化石能源消费比重。严控煤电项目，“十四五”时期严格合理控制煤炭消费增长、“十五五”时期逐步减少。重点削减散煤等非电用煤，严禁在国家政策允许的领域以外新（扩）建燃煤自备电厂。持续推进北方地区冬季清洁取暖。新改扩建工业炉窑采用清洁低碳能源，优化天然气使用方式，优先保障居民用气，有序推进工业燃煤和农业用煤天然气替代。（国家发展改革委、国家能源局、工业和信息化部、自然资源部、生态环境部、住房城乡建设部、农业农村部、水利部、市场监管总局按职责分工负责）

（七）加快形成绿色生活方式。倡导简约适度、绿色低碳、文明健康的生活方式，从源头上减少污染物和碳排放。扩大绿色低碳产品供给和消费，加快推进构建统一的绿色产品认证与标识体系，完善绿色产品推广机制。开展绿色社区等建设，深入开展全社会反对浪费行动。推广绿色包装，推动包装印刷减量化，减少印刷面积和颜色种类。引导公众优先选择公共交通、自行车和步行等绿色低碳出行方式。发挥公共机构特别是党政机关节能减排引领示范作用。探索建立“碳普惠”等公众参与机制。（国家发展改革委、生态环境部、工业和信息化部、财政部、住房城乡建设部、交通运输部、商务部、市场监管总局、国管局按职责分工负责）

四、突出重点领域

（八）推进工业领域协同增效。实施绿色制造工程，推广绿色设计，探索产品设计、生产工艺、产品分销以及回收处置利用全产业链绿色化，加快工业领域源头减排、过程控制、末端治理、综合利用全流程绿色发展。推进工业节能和能效水平提升。依法实施“双超双有高耗能”企业强制性清洁生产审核，开展重点行业清洁生产改造，推动一批重点企业达到国际领先水平。研究建立大气环境容量约束下的钢铁、焦化等行业去产能长效机制，逐步减少独立烧结、热轧企业数量。大力支持电炉短流程工艺发展，水泥行业加快原燃料替代，石化行业加快推动减油增化，铝行业提高再生铝比例，推广高效低碳技术，加快再生有色金属产业发展。2025年和2030年，全国短流程炼钢占比分别提升至15%、20%以上。2025年再生铝产量达到1150万吨，2030年电解铝使用可再生能源比例提高至30%以上。推动冶炼副产能源资源与建材、石化、化工行业深度耦合发展。鼓励重点行业企业探索采用多污染物和温室气体协同控制技术工艺，开展协同创新。推动碳捕集、利用与封存技术在工业领域应用。（工业和信息化部、国家发展改革委、生态环境部、国家能源局按职责分工负责）

（九）推进交通运输协同增效。加快推进“公转铁”“公转水”，提高铁路、水运在综合运输中的承运比例。发展城市绿色配送体系，加强城市慢行交通系统建设。加快新能源车发展，逐步推动公共领域用车电动化，有序推动老旧车辆替换为新能源车辆和非道路移动机械使用新能源清洁能源动力，探索开展中重型电动、燃料电池货车示范应用和商业化运营。到2030年，大气污染防治重点区域新能源汽车新车销售量达到汽车新车销售量的50%左右。加快淘汰老旧船舶，推动新能源、清洁能源动力船舶应用，加快港口供电设施建设，推动船舶靠港使用岸电。（交通运输部、国家发展改革委、工业和信息化部、生态环境部、住房城乡建设部、中国国家铁路集团有限公司按职责分工负责）

（十）推进城乡建设协同增效。优化城镇布局，合理控制城镇建筑总规模，加强建筑拆建管理，多措并举提高绿色建筑比例，推动超低能耗建筑、近零碳建筑规模化发展。稳步发展装配式建筑，推广使用绿色建材。推动北方地区建筑节能绿色改造与清洁取暖同步实施，优先支持大气污染防治重点区域利用太阳能、地热、生物质能等可再生能源满足建筑供热、制冷及生活热水等用能需求。鼓励在城镇老旧小区改造、农村危房改造、农房抗震改造等过程中同步实施建筑绿色化改造。鼓励小规模、渐进式更新和微改造，推进建筑废弃物再生利用。合理控制城市照明能耗。大力发展光伏建筑一体化应用，开展光储直柔一体化试点。在农村人居环境整治提升中统筹考虑减污降碳要求。（住房城乡建设部、自然资源部、生态环境部、农业农村部、国家能源局、国家乡村振兴局等按职责分工负责）

（十一）推进农业领域协同增效。推行农业绿色生产方式，协同推进种植业、畜牧业、渔业节能减排与污染治理。深入实施化肥农药减量增效行动，加强种植业面源污染防治，优化稻田水分灌溉管理，推广优良品种和绿色高效栽培技术，提高氮肥利用效率，到 2025 年，三大粮食作物化肥、农药利用率均提高到 43%。提升秸秆综合利用水平，强化秸秆焚烧管控。提高畜禽粪污资源化利用水平，适度发展稻渔综合种养、渔光一体、鱼菜共生等多层次综合水产养殖模式，推进渔船渔机节能减排。加快老旧农机报废更新力度，推广先进适用的低碳节能农机装备。在农业领域大力推广生物质能、太阳能等绿色用能模式，加快农村取暖炊事、农业及农产品加工设施等可再生能源替代。（农业农村部、生态环境部、国家能源局按职责分工负责）

（十二）推进生态建设协同增效。坚持因地制宜，宜林则林，宜草则草，科学开展大规模国土绿化行动，持续增加森林面积和蓄积量。强化生态保护监管，完善自然保护地、生态保护红线监管制度，落实不同生态功能区分级分区保护、修复、监管要求，强化河湖生态流量管理。加强土地利用变化管理和森林可持续经营。全面加强天然林保护修复。实施生物多样性保护重大工程。科学推进荒漠化、石漠化、水土流失综合治理，科学实施重点区域生态保护和修复综合治理项目，建设生态清洁小流域。坚持以自然恢复为主，推行森林、草原、河流、湖泊、湿地休养生息，加强海洋生态系统保护，改善水生态环境，提升生态系统质量和稳定性。加强城市生态建设，完善城市绿色生态网络，科学规划、合理布局城市生态廊道和生态缓冲带。优化城市绿化树种，降低花粉污染和自然源挥发性有机物排放，优先选择乡土树种。提升城市水体自然岸线保有率。开展生态改善、环境扩容、碳汇提升等方面效果综合评估，不断提升生态系统碳汇与净化功能。（国家林草局、国家发展改革委、自然资源部、生态环境部、住房城乡建设部、水利部按职责分工负责）

五、优化环境治理

（十三）推进大气污染防治协同控制。优化治理技术路线，加大氮氧化物、挥发性有机物（VOCs）以及温室气体协同减排力度。一体推进重点行业大气污染深度治理与节能降碳行动，推动钢铁、水泥、焦化行业及锅炉超低排放改造，探索开展大气污染物与温室气体排放协同控制改造提升工程试点。VOCs等大气污染物治理优先采用源头替代措施。推进大气污染治理设备节能降耗，提高设备自动化智能化运行水平。加强消耗臭氧层物质和氢氟碳化物管理，加快使用含氢氯氟烃生产线改造，逐步淘汰氢氯氟烃使用。推进移动源大气污染物排放

和碳排放协同治理。（生态环境部、国家发展改革委、工业和信息化部、交通运输部、国家能源局按职责分工负责）

（十四）推进水环境治理协同控制。大力推进污水资源化利用。提高工业用水效率，推进产业园区用水系统集成优化，实现串联用水、分质用水、一水多用、梯级利用和再生利用。构建区域再生水循环利用体系，因地制宜建设人工湿地水质净化工程及再生水调蓄设施。探索推广污水社区化分类处理和就地回用。建设资源能源标杆再生水厂。推进污水处理厂节能降耗，优化工艺流程，提高处理效率；鼓励污水处理厂采用高效水力输送、混合搅拌和鼓风曝气装置等高效低能耗设备；推广污水处理厂污泥沼气热电联产及水源热泵等热能利用技术；提高污泥处置和综合利用水平；在污水处理厂推广建设太阳能发电设施。开展城镇污水处理和资源化利用碳排放测算，优化污水处理设施能耗和碳排放管理。以资源化、生态化和可持续化为导向，因地制宜推进农村生活污水集中或分散式治理及就近回用。（生态环境部、国家发展改革委、工业和信息化部、住房城乡建设部、农业农村部按职责分工负责）

（十五）推进土壤污染治理协同控制。合理规划污染地块土地用途，鼓励农药、化工等行业中重度污染地块优先规划用于拓展生态空间，降低修复能耗。鼓励绿色低碳修复，优化土壤污染风险管控和修复技术路线，注重节能降耗。推动严格管控类受污染耕地植树造林增汇，研究利用废弃矿山、采煤沉陷区受损土地、已封场垃圾填埋场、污染地块等因地制宜规划建设光伏发电、风力发电等新能源项目。（生态环境部、国家发展改革委、自然资源部、住房城乡建设部、国家能源局、国家林草局按职责分工负责）

（十六）推进固体废物污染防治协同控制。强化资源回收和综合利用，加强“无废城市”建设。推动煤矸石、粉煤灰、尾矿、冶炼渣等工业固废资源利用或替代建材生产原料，到2025年，新增大宗固废综合利用率达到60%，存量大宗固废有序减少。推进退役动力电池、光伏组件、风电机组叶片等新型废弃物回收利用。加强生活垃圾减量化、资源化和无害化处理，大力推进垃圾分类，优化生活垃圾处理处置方式，加强可回收物和厨余垃圾资源化利用，持续推进生活垃圾焚烧处理能力建设。减少有机垃圾填埋，加强生活垃圾填埋场垃圾渗滤液、恶臭和温室气体协同控制，推动垃圾填埋场填埋气收集和利用设施建设。因地制宜稳步推进生物质能多元化开发利用。禁止持久性有机污染物和添汞产品的非法生产，从源头减少含有毒有害化学物质的固体废物产生。（生态环境部、国家发展改革委、工业和信息化部、住房城乡建设部、商务部、市场监管总局、国家能源局按职责分工负责）

六、开展模式创新

（十七）开展区域减污降碳协同创新。基于深入打好污染防治攻坚战和碳达峰目标要求，在国家重大战略区域、大气污染防治重点区域、重点海湾、重点城市群，加快探索减污降碳协同增效的有效模式，优化区域产业结构、能源结构、交通运输结构，培育绿色低碳生活方式，加强技术创新和体制机制创新，助力实现区域绿色低碳发展目标。（生态环境部、国家发展改革委等按职责分工负责）

（十八）开展城市减污降碳协同创新。统筹污染治理、生态保护以及温室气体减排要求，在国家环境保护模范城市、“无废城市”建设中强化减污降碳协同增效要求，探索不同类型城市减污降碳推进机制，在城市建设、生产生活各领域加强

减污降碳协同增效，加快实现城市绿色低碳发展。（生态环境部、国家发展改革委、住房城乡建设部等按职责分工负责）

（十九）开展产业园区减污降碳协同创新。鼓励各类产业园区根据自身主导产业和污染物、碳排放水平，积极探索推进减污降碳协同增效，优化园区空间布局，大力推广使用新能源，促进园区能源系统优化和梯级利用、水资源集约节约高效循环利用、废物综合利用，升级改造污水处理设施和垃圾焚烧设施，提升基础设施绿色低碳发展水平。（生态环境部、国家发展改革委、科技部、工业和信息化部、住房城乡建设部、水利部、商务部等按职责分工负责）

（二十）开展企业减污降碳协同创新。通过政策激励、提升标准、鼓励先进等手段，推动重点行业企业开展减污降碳试点工作。鼓励企业采取工艺改进、能源替代、节能提效、综合治理等措施，实现生产过程中大气、水和固体废物等多种污染物以及温室气体大幅减排，显著提升环境治理绩效，实现污染物和碳排放均达到行业先进水平，“十四五”期间力争推动一批企业开展减污降碳协同创新行动；支持企业进一步探索深度减污降碳路径，打造“双近零”排放标杆企业。（生态环境部负责）

七、强化支撑保障

（二十一）加强协同技术研发应用。加强减污降碳协同增效基础科学和机理研究，在大气污染防治、碳达峰碳中和等国家重点研发项目中设置研究任务，建设一批相关重点实验室，部署实施一批重点创新项目。加强氢能冶金、二氧化碳合成化学品、新型电力系统关键技术等研发，推动炼化系统能量优化、低温室效应制冷剂替代、碳捕集与利用等技术试点应用，推广光储直柔、可再生能源与建筑一体化、智慧交通、交通能源融合技术。开展烟气超低排放与碳减排协同技术创新，研发多污染物系统治理、VOCs 源头替代、低温脱硝等技术和装备。充分利用国家生态环境科技成果转化综合服务平台，实施百城千县万名专家生态环境科技帮扶行动，提升减污降碳科技成果转化力度和效率。加快重点领域绿色低碳共性技术示范、制造、系统集成和产业化。开展水土保持措施碳汇效应研究。加强科技创新能力建设，推动重点方向学科交叉研究，形成减污降碳领域国家战略科技力量。（科技部、国家发展改革委、生态环境部、住房城乡建设部、交通运输部、水利部、国家能源局按职责分工负责）

（二十二）完善减污降碳法规标准。制定实施《碳排放权交易管理暂行条例》。推动将协同控制温室气体排放纳入生态环境相关法律法规。完善生态环境标准体系，制修订相关排放标准，强化非二氧化碳温室气体管控，研究制订重点行业温室气体排放标准，制定污染物与温室气体排放协同控制可行技术指南、监测技术指南。完善汽车等移动源排放标准，推动污染物与温室气体排放协同控制。（生态环境部、司法部、工业和信息化部、交通运输部、市场监管总局按职责分工负责）

（二十三）加强减污降碳协同管理。研究探索统筹排污许可和碳排放管理，衔接减污降碳管理要求。加快全国碳排放权交易市场建设，严厉打击碳排放数据造假行为，强化日常监管，建立长效机制，严格落实履约制度，优化配额分配方法。开展相关计量技术研究，建立健全计量测试服务体系。开展重点城市、产业园区、重点企业减污降碳协同度评价研究，引导各地区优化协同管理机制。推动污染物和碳排放量大的企业开展环境信息依法披露。（生态环境部、国家发展改革委、工业

和信息化部、市场监管总局、国家能源局按职责分工负责）

（二十四）强化减污降碳经济政策。加大对绿色低碳投资项目和协同技术应用的财政政策支持，财政部门要做好减污降碳相关经费保障。大力发展绿色金融，用好碳减排货币政策工具，引导金融机构和社会资本加大对减污降碳的支持力度。扎实推进气候投融资，建设国家气候投融资项目库，开展气候投融资试点。建立有助于企业绿色低碳发展的绿色电价政策。将清洁取暖财政政策支持范围扩大到整个北方地区，有序推进散煤替代和既有建筑节能改造工作。加强清洁生产审核和评价认证结果应用，将其作为阶梯电价、用水定额、重污染天气绩效分级管控等差异化政策制定和实施的重要依据。推动绿色电力交易试点。（财政部、国家发展改革委、生态环境部、住房城乡建设部、交通运输部、人民银行、银保监会、证监会按职责分工负责）

（二十五）提升减污降碳基础能力。拓展完善天地一体监测网络，提升减污降碳协同监测能力。健全排放源统计调查、核算核查、监管制度，按履约要求编制国家温室气体排放清单，建立温室气体排放因子库。研究建立固定源污染物与碳排放核查协同管理制度，实行一体化监管执法。依托移动源环保信息公开、达标监管、检测与维修等制度，探索实施移动源碳排放核查、核算与报告制度。（生态环境部、国家发展改革委、国家统计局按职责分工负责）

八、加强组织实施

（二十六）加强组织领导。各地区各有关部门要认真贯彻落实党中央、国务院决策部署，充分认识减污降碳协同增效工作的重要性、紧迫性，坚决扛起责任，抓好贯彻落实。各有关部门要加强协调配合，各司其职，各负其责，形成合力，系统推进相关工作。各地区生态环境部门要结合实际，制定实施方案，明确时间目标，细化工作任务，确保各项重点举措落地见效。（各相关部门、地方按职责分工负责）

（二十七）加强宣传教育。将绿色低碳发展纳入国民教育体系。加强干部队伍能力建设，组织开展减污降碳协同增效业务培训，提升相关部门、地方政府、企业管理人员能力水平。加强宣传引导，选树减污降碳先进典型，发挥榜样示范和价值引领作用，利用六五环境日、全国低碳日、全国节能宣传周等广泛开展宣传教育活动。开展生态环境保护和应对气候变化科普活动。加大信息公开力度，完善公众监督和举报反馈机制，提高环境决策公众参与水平。（生态环境部、国家发展改革委、教育部、科技部按职责分工负责）

（二十八）加强国际合作。积极参与全球气候和环境治理，广泛开展应对气候变化、保护生物多样性、海洋环境治理等生态环保国际合作，与共建“一带一路”国家开展绿色发展政策沟通，加强减污降碳政策、标准联通，在绿色低碳技术研发应用、绿色基础设施建设、绿色金融、气候投融资等领域开展务实合作。加强减污降碳国际经验交流，为实现2030年全球可持续发展目标贡献中国智慧、中国方案。（生态环境部、国家发展改革委、科技部、财政部、住房城乡建设部、人民银行、市场监管总局、中国气象局、证监会、国家林草局等按职责分工负责）

（二十九）加强考核督察。统筹减污降碳工作要求，将温室气体排放控制目标完成情况纳入生态环境相关考核，逐步形成体现减污降碳协同增效要求的生态环境考核体系。（生态环境部牵头负责）

4.3

排污许可管理条例

第一章　总则

第一条　为了加强排污许可管理，规范企业事业单位和其他生产经营者排污行为，控制污染物排放，保护和改善生态环境，根据《中华人民共和国环境保护法》等有关法律，制定本条例。

第二条　依照法律规定实行排污许可管理的企业事业单位和其他生产经营者（以下称排污单位），应当依照本条例规定申请取得排污许可证；未取得排污许可证的，不得排放污染物。

根据污染物产生量、排放量、对环境的影响程度等因素，对排污单位实行排污许可分类管理：

（一）污染物产生量、排放量或者对环境的影响程度较大的排污单位，实行排污许可重点管理；

（二）污染物产生量、排放量和对环境的影响程度都较小的排污单位，实行排污许可简化管理。

实行排污许可管理的排污单位范围、实施步骤和管理类别名录，由国务院生态环境主管部门拟订并报国务院批准后公布实施。制定实行排污许可管理的排污单位范围、实施步骤和管理类别名录，应当征求有关部门、行业协会、企业事业单位和社会公众等方面的意见。

第三条 国务院生态环境主管部门负责全国排污许可的统一监督管理。

设区的市级以上地方人民政府生态环境主管部门负责本行政区域排污许可的监督管理。

第四条 国务院生态环境主管部门应当加强全国排污许可证管理信息平台建设和管理，提高排污许可在线办理水平。

排污许可证审查与决定、信息公开等应当通过全国排污许可证管理信息平台办理。

第五条 设区的市级以上人民政府应当将排污许可管理工作所需经费列入本级预算。

第二章 申请与审批

第六条 排污单位应当向其生产经营场所所在地设区的市级以上地方人民政府生态环境主管部门（以下称审批部门）申请取得排污许可证。

排污单位有两个以上生产经营场所排放污染物的，应当按照生产经营场所分别申请取得排污许可证。

第七条 申请取得排污许可证，可以通过全国排污许可证管理信息平台提交排污许可证申请表，也可以通过信函等方式提交。

排污许可证申请表应当包括下列事项：

（一）排污单位名称、住所、法定代表人或者主要负责人、生产经营场所所在地、统一社会信用代码等信息；

（二）建设项目环境影响报告书（表）批准文件或者环境影响登记表备案材料；

（三）按照污染物排放口、主要生产设施或者车间、厂界申请的污染物排放种类、排放浓度和排放量，执行的污染物排放标准和重点污染物排放总量控制指标；

（四）污染防治设施、污染物排放口位置和数量，污染物排放方式、排放去向、自行监测方案等信息；

（五）主要生产设施、主要产品及产能、主要原辅材料、产生和排放污染物环节等信息，及其是否涉及商业秘密等不宜公开情形的情况说明。

第八条 有下列情形之一的，申请取得排污许可证还应当提交相应材料：

（一）属于实行排污许可重点管理的，排污单位在提出申请前已通过全国排污许可证管理信息平台公开单位基本信息、拟申请许可事项的说明材料；

（二）属于城镇和工业污水集中处理设施的，排污单位的纳污范围、管网布置、最终排放去向等说明材料；

（三）属于排放重点污染物的新建、改建、扩建项目以及实施技术改造项目的，排污单位通过污染物排放量削减替代获得重点污染物排放总量控制指标的说明材料。

第九条 审批部门对收到的排污许可证申请，应当根据下列情况分别作出处理：

（一）依法不需要申请取得排污许可证的，应当即时告知不需要申请取得排污许可证；

（二）不属于本审批部门职权范围的，应当即时作出不予受理的决定，并告知排污单位向有审批权的生态环境主管部门申请；

（三）申请材料存在可以当场更正的错误的，应当允许排污单位当场更正；

（四）申请材料不齐全或者不符合法定形式的，应当当场或者在3日内出具告知单，一次性告知排污单位需要补正的全部材料；逾期不告知的，自收到申请材料之日起即视为受理；

（五）属于本审批部门职权范围，申请材料齐全、符合法定形式，或者排污单位按照要求补正全部申请材料的，应当受理。

审批部门应当在全国排污许可证管理信息平台上公开受理或者不予受理排污许可证申请的决定，同时向排污单位出具加盖本审批部门专用印章和注明日期的书面凭证。

第十条 审批部门应当对排污单位提交的申请材料进行审查，并可以对排污单位的生产经营场所进行现场核查。

审批部门可以组织技术机构对排污许可证申请材料进行技术评估，并承担相应费用。

技术机构应当对其提出的技术评估意见负责，不得向排污单位收取任何费用。

第十一条 对具备下列条件的排污单位，颁发排污许可证：

（一）依法取得建设项目环境影响报告书（表）批准文件，或者已经办理环境影响登记表备案手续；

（二）污染物排放符合污染物排放标准要求，重点污染物排放符合排污许可证申请与核发技术规范、环境影响报告书（表）批准文件、重点污染物排放总量控制要求；其中，排污单位生产经营场所位于未达到国家环境质量标准的重点区域、流域的，还应当符合有关地方人民政府关于改善生态环境质量的特别要求；

（三）采用污染防治设施可以达到许可排放浓度要求或者符合污染防治可行技术；

（四）自行监测方案的监测点位、指标、频次等符合国家自行监测规范。

第十二条 对实行排污许可简化管理的排污单位，审批部门应当自受理申请之日起20日内作出审批决定；对符合条件的颁发排污许可证，对不符合条件的不予许可并书面说明理由。

对实行排污许可重点管理的排污单位，审批部门应当自受理申请之日起30日内作出审批决定；需要进行现场核查的，应当自受理申请之日起45日内作出审批决定；对符合条件的颁发排污许可证，对不符合条件的不予许可并书面说明理由。

审批部门应当通过全国排污许可证管理信息平台生成统一的排污许可证编号。

第十三条 排污许可证应当记载下列信息：

（一）排污单位名称、住所、法定代表人或者主要负责人、生产经营场所所在地等；

（二）排污许可证有效期限、发证机关、发证日期、证书编号和二维码等；

（三）产生和排放污染物环节、污染防治设施等；

（四）污染物排放口位置和数量、污染物排放方式和排放去向等；

（五）污染物排放种类、许可排放浓度、许可排放量等；

（六）污染防治设施运行和维护要求、污染物排放口规范化建设要求等；

（七）特殊时段禁止或者限制污染物排放的要求；

（八）自行监测、环境管理台账记录、排污许可证执行报告的内容和频次等要求；

（九）排污单位环境信息公开要求；

（十）存在大气污染物无组织排放情形时的无组织排放控

制要求；

（十一）法律法规规定排污单位应当遵守的其他控制污染物排放的要求。

第十四条 排污许可证有效期为5年。

排污许可证有效期届满，排污单位需要继续排放污染物的，应当于排污许可证有效期届满60日前向审批部门提出申请。审批部门应当自受理申请之日起20日内完成审查；对符合条件的予以延续，对不符合条件的不予延续并书面说明理由。

排污单位变更名称、住所、法定代表人或者主要负责人的，应当自变更之日起30日内，向审批部门申请办理排污许可证变更手续。

第十五条 在排污许可证有效期内，排污单位有下列情形之一的，应当重新申请取得排污许可证：

（一）新建、改建、扩建排放污染物的项目；

（二）生产经营场所、污染物排放口位置或者污染物排放方式、排放去向发生变化；

（三）污染物排放口数量或者污染物排放种类、排放量、排放浓度增加。

第十六条 排污单位适用的污染物排放标准、重点污染物总量控制要求发生变化，需要对排污许可证进行变更的，审批部门可以依法对排污许可证相应事项进行变更。

第三章 排污管理

第十七条 排污许可证是对排污单位进行生态环境监管的主要依据。

排污单位应当遵守排污许可证规定，按照生态环境管理要求运行和维护污染防治设施，建立环境管理制度，严格控制污染物排放。

第十八条 排污单位应当按照生态环境主管部门的规定建设规范化污染物排放口，并设置标志牌。

污染物排放口位置和数量、污染物排放方式和排放去向应当与排污许可证规定相符。

实施新建、改建、扩建项目和技术改造的排污单位，应当在建设污染防治设施的同时，建设规范化污染物排放口。

第十九条 排污单位应当按照排污许可证规定和有关标准规范，依法开展自行监测，并保存原始监测记录。原始监测记录保存期限不得少于5年。

排污单位应当对自行监测数据的真实性、准确性负责，不得篡改、伪造。

第二十条 实行排污许可重点管理的排污单位，应当依法安装、使用、维护污染物排放自动监测设备，并与生态环境主管部门的监控设备联网。

排污单位发现污染物排放自动监测设备传输数据异常的，应当及时报告生态环境主管部门，并进行检查、修复。

第二十一条 排污单位应当建立环境管理台账记录制度，按照排污许可证规定的格式、内容和频次，如实记录主要生产设施、污染防治设施运行情况以及污染物排放浓度、排放量。环境管理台账记录保存期限不得少于5年。

排污单位发现污染物排放超过污染物排放标准等异常情况时，应当立即采取措施消除、减轻危害后果，如实进行环境管理台账记录，并报告生态环境主管部门，说明原因。超过污染物排放标准等异常情况下的污染物排放计入排污单位的污染物排放量。

第二十二条 排污单位应当按照排污许可证规定的内容、频次和时间要求，向审批部门提交排污许可证执行报告，如实报告污染物排放行为、排放浓度、排放量等。

排污许可证有效期内发生停产的，排污单位应当在排污许可证执行报告中如实报告污染物排放变化情况并说明原因。

排污许可证执行报告中报告的污染物排放量可以作为年度生态环境统计、重点污染物排放总量考核、污染源排放清单编制的依据。

第二十三条 排污单位应当按照排污许可证规定，如实在全国排污许可证管理信息平台上公开污染物排放信息。

污染物排放信息应当包括污染物排放种类、排放浓度和排放量，以及污染防治设施的建设运行情况、排污许可证执行报告、自行监测数据等；其中，水污染物排入市政排水管网的，还应当包括污水接入市政排水管网位置、排放方式等信息。

第二十四条 污染物产生量、排放量和对环境的影响程度都很小的企业事业单位和其他生产经营者，应当填报排污登记表，不需要申请取得排污许可证。

需要填报排污登记表的企业事业单位和其他生产经营者范围名录，由国务院生态环境主管部门制定并公布。制定需要填报排污登记表的企业事业单位和其他生产经营者范围名录，应当征求有关部门、行业协会、企业事业单位和社会公众等方面的意见。

需要填报排污登记表的企业事业单位和其他生产经营者，应当在全国排污许可证管理信息平台上填报基本信息、污染物排放去向、执行的污染物排放标准以及采取的污染防治措施等信息；填报的信息发生变动的，应当自发生变动之日起 20 日内进行变更填报。

第四章 监督检查

第二十五条 生态环境主管部门应当加强对排污许可的事中事后监管，将排污许可执法检查纳入生态环境执法年度计划，根据排污许可管理类别、排污单位信用记录和生态环境管理需要等因素，合理确定检查频次和检查方式。

生态环境主管部门应当在全国排污许可证管理信息平台上记录执法检查时间、内容、结果以及处罚决定，同时将处罚决定纳入国家有关信用信息系统向社会公布。

第二十六条 排污单位应当配合生态环境主管部门监督检查，如实反映情况，并按照要求提供排污许可证、环境管理台账记录、排污许可证执行报告、自行监测数据等相关材料。

禁止伪造、变造、转让排污许可证。

第二十七条 生态环境主管部门可以通过全国排污许可证管理信息平台监控排污单位的污染物排放情况，发现排污单位的污染物排放浓度超过许可排放浓度的，应当要求排污单位提供排污许可证、环境管理台账记录、排污许可证执行报告、自行监测数据等相关材料进行核查，必要时可以组织开展现场监测。

第二十八条 生态环境主管部门根据行政执法过程中收集的监测数据，以及排污单位的排污许可证、环境管理台账记录、排污许可证执行报告、自行监测数据等相关材料，对排污单位在规定周期内的污染物排放量，以及排污单位污染防治设施运行和维护是否符合排污许可证规定进行核查。

第二十九条 生态环境主管部门依法通过现场监测、排污单位污染物排放自动监测设备、全国排污许可证管理信息平台获得的排污单位污染物排放数据，可以作为判定污染物排放浓度是否超过许可排放浓度的证据。

排污单位自行监测数据与生态环境主管部门及其所属监测机构在行政执法过程中收集的监测数据不一致的，以生态环境主管部门及其所属监测机构收集的监测数据作为行政执法依据。

第三十条 国家鼓励排污单位采用污染防治可行技术。国务院生态环境主管部门制定并公布污染防治可行技术指南。

排污单位未采用污染防治可行技术的，生态环境主管部门应当根据排污许可证、环境管理台账记录、排污许可证执行报告、自行监测数据等相关材料，以及生态环境主管部门及其所属监测机构在行政执法过程中收集的监测数据，综合判断排污单位采用的污染防治技术能否稳定达到排污许可证规定；对不能稳定达到排污许可证规定的，应当提出整改要求，并可以增加检查频次。

制定污染防治可行技术指南，应当征求有关部门、行业协会、企业事业单位和社会公众等方面的意见。

第三十一条 任何单位和个人对排污单位违反本条例规定的行为，均有向生态环境主管部门举报的权利。

接到举报的生态环境主管部门应当依法处理，按照有关规定向举报人反馈处理结果，并为举报人保密。

第五章 法律责任

第三十二条 违反本条例规定，生态环境主管部门在排污许可证审批或者监督管理中有下列行为之一的，由上级机关责令改正；对直接负责的主管人员和其他直接责任人员依法给予处分：

（一）对符合法定条件的排污许可证申请不予受理或者不

在法定期限内审批；

（二）向不符合法定条件的排污单位颁发排污许可证；

（三）违反审批权限审批排污许可证；

（四）发现违法行为不予查处；

（五）不依法履行监督管理职责的其他行为。

第三十三条　违反本条例规定，排污单位有下列行为之一的，由生态环境主管部门责令改正或者限制生产、停产整治，处 20 万元以上 100 万元以下的罚款；情节严重的，报经有批准权的人民政府批准，责令停业、关闭：

（一）未取得排污许可证排放污染物；

（二）排污许可证有效期届满未申请延续或者延续申请未经批准排放污染物；

（三）被依法撤销、注销、吊销排污许可证后排放污染物；

（四）依法应当重新申请取得排污许可证，未重新申请取得排污许可证排放污染物。

第三十四条　违反本条例规定，排污单位有下列行为之一的，由生态环境主管部门责令改正或者限制生产、停产整治，处 20 万元以上 100 万元以下的罚款；情节严重的，吊销排污许可证，报经有批准权的人民政府批准，责令停业、关闭：

（一）超过许可排放浓度、许可排放量排放污染物；

（二）通过暗管、渗井、渗坑、灌注或者篡改、伪造监测数据，或者不正常运行污染防治设施等逃避监管的方式违法排放污染物。

第三十五条　违反本条例规定，排污单位有下列行为之一的，由生态环境主管部门责令改正，处 5 万元以上 20 万元以下的罚款；情节严重的，处 20 万元以上 100 万元以下的罚款，责令限制生产、停产整治：

（一）未按照排污许可证规定控制大气污染物无组织排放；

（二）特殊时段未按照排污许可证规定停止或者限制排放污染物。

第三十六条 违反本条例规定，排污单位有下列行为之一的，由生态环境主管部门责令改正，处2万元以上20万元以下的罚款；拒不改正的，责令停产整治：

（一）污染物排放口位置或者数量不符合排污许可证规定；

（二）污染物排放方式或者排放去向不符合排污许可证规定；

（三）损毁或者擅自移动、改变污染物排放自动监测设备；

（四）未按照排污许可证规定安装、使用污染物排放自动监测设备并与生态环境主管部门的监控设备联网，或者未保证污染物排放自动监测设备正常运行；

（五）未按照排污许可证规定制定自行监测方案并开展自行监测；

（六）未按照排污许可证规定保存原始监测记录；

（七）未按照排污许可证规定公开或者不如实公开污染物排放信息；

（八）发现污染物排放自动监测设备传输数据异常或者污染物排放超过污染物排放标准等异常情况不报告；

（九）违反法律法规规定的其他控制污染物排放要求的行为。

第三十七条 违反本条例规定，排污单位有下列行为之一的，由生态环境主管部门责令改正，处每次5千元以上2万元以下的罚款；法律另有规定的，从其规定：

（一）未建立环境管理台账记录制度，或者未按照排污许可证规定记录；

（二）未如实记录主要生产设施及污染防治设施运行情况或者污染物排放浓度、排放量；

（三）未按照排污许可证规定提交排污许可证执行报告；

（四）未如实报告污染物排放行为或者污染物排放浓度、排放量。

第三十八条 排污单位违反本条例规定排放污染物，受到罚款处罚，被责令改正的，生态环境主管部门应当组织复查，发现其继续实施该违法行为或者拒绝、阻挠复查的，依照《中华人民共和国环境保护法》的规定按日连续处罚。

第三十九条 排污单位拒不配合生态环境主管部门监督检查，或者在接受监督检查时弄虚作假的，由生态环境主管部门责令改正，处2万元以上20万元以下的罚款。

第四十条 排污单位以欺骗、贿赂等不正当手段申请取得排污许可证的，由审批部门依法撤销其排污许可证，处20万元以上50万元以下的罚款，3年内不得再次申请排污许可证。

第四十一条 违反本条例规定，伪造、变造、转让排污许可证的，由生态环境主管部门没收相关证件或者吊销排污许可证，处10万元以上30万元以下的罚款，3年内不得再次申请排污许可证。

第四十二条 违反本条例规定，接受审批部门委托的排污许可技术机构弄虚作假的，由审批部门解除委托关系，将相关信息记入其信用记录，在全国排污许可证管理信息平台上公布，同时纳入国家有关信用信息系统向社会公布；情节严重的，禁止从事排污许可技术服务。

第四十三条 需要填报排污登记表的企业事业单位和其他生产经营者，未依照本条例规定填报排污信息的，由生态环境主管部门责令改正，可以处5万元以下的罚款。

第四十四条 排污单位有下列行为之一，尚不构成犯罪的，除依照本条例规定予以处罚外，对其直接负责的主管人员和其他直接责任人员，依照《中华人民共和国环境保护法》的规定处以拘留：

（一）未取得排污许可证排放污染物，被责令停止排污，拒不执行；

（二）通过暗管、渗井、渗坑、灌注或者篡改、伪造监测数据，或者不正常运行污染防治设施等逃避监管的方式违法排放污染物。

第四十五条 违反本条例规定，构成违反治安管理行为的，依法给予治安管理处罚；构成犯罪的，依法追究刑事责任。

第六章 附则

第四十六条 本条例施行前已经实际排放污染物的排污单位，不符合本条例规定条件的，应当在国务院生态环境主管部门规定的期限内进行整改，达到本条例规定的条件并申请取得排污许可证；逾期未取得排污许可证的，不得继续排放污染物。整改期限内，生态环境主管部门应当向其下达排污限期整改通知书，明确整改内容、整改期限等要求。

第四十七条 排污许可证申请表、环境管理台账记录、排污许可证执行报告等文件的格式和内容要求，以及排污许可证申请与核发技术规范等，由国务院生态环境主管部门制定。

第四十八条 企业事业单位和其他生产经营者涉及国家秘密的，其排污许可、监督管理等应当遵守保密法律法规的规定。

第四十九条 飞机、船舶、机动车、列车等移动污染源的污染物排放管理，依照相关法律法规的规定执行。

第五十条 排污单位应当遵守安全生产规定，按照安全生产管理要求运行和维护污染防治设施，建立安全生产管理制度。

在运行和维护污染防治设施过程中违反安全生产规定，发生安全生产事故的，对负有责任的排污单位依照《中华人民共和国安全生产法》的有关规定予以处罚。

第五十一条 本条例自2021年3月1日起施行。

4.4

关于加强高耗能、高排放建设项目生态环境源头防控的指导意见

环环评〔2021〕45号

各省、自治区、直辖市生态环境厅（局），新疆生产建设兵团生态环境局：

为全面落实党的十九届五中全会关于加快推动绿色低碳发展的决策部署，坚决遏制高耗能、高排放（以下简称“两高”）项目盲目发展，推动绿色转型和高质量发展，现就加强“两高”项目生态环境源头防控提出如下指导意见。

一、加强生态环境分区管控和规划约束

（一）深入实施“三线一单”。各级生态环境部门应加快推进“三线一单”成果在“两高”行业产业布局和结构调整、重大项目选址中的应用。地方生态环境部门组织“三线一单”地市落地细化及后续更新调整时，应在生态环境准入清单中深化“两高”项目环境准入及管控要求；承接钢铁、电解铝等产业转移地区应严格落实生态环境分区管控要求，将环境质量底线作为硬约束。

（二）强化规划环评效力。各级生态环境部门应严格审查涉

“两高”行业的有关综合性规划和工业、能源等专项规划环评，特别对为上马“两高”项目而修编的规划，在环评审查中应严格控制“两高”行业发展规模，优化规划布局、产业结构与实施时序。以“两高”行业为主导产业的园区规划环评应增加碳排放情况与减排潜力分析，推动园区绿色低碳发展。推动煤电能源基地、现代煤化工示范区、石化产业基地等开展规划环境影响跟踪评价，完善生态环境保护措施并适时优化调整规划。

二、严格“两高”项目环评审批

（三）严把建设项目环境准入关。新建、改建、扩建“两高”项目须符合生态环境保护法律法规和相关法定规划，满足重点污染物排放总量控制、碳排放达峰目标、生态环境准入清单、相关规划环评和相应行业建设项目环境准入条件、环评文件审批原则要求。石化、现代煤化工项目应纳入国家产业规划。新建、扩建石化、化工、焦化、有色金属冶炼、平板玻璃项目应布设在依法合规设立并经规划环评的产业园区。各级生态环境部门和行政审批部门要严格把关，对于不符合相关法律法规的，依法不予审批。

（四）落实区域削减要求。新建“两高”项目应按照《关于加强重点行业建设项目区域削减措施监督管理的通知》要求，依据区域环境质量改善目标，制定配套区域污染物削减方案，采取有效的污染物区域削减措施，腾出足够的环境容量。国家大气污染防治重点区域（以下简称重点区域）内新建耗煤项目还应严格按规定采取煤炭消费减量替代措施，不得使用高污染燃料作为煤炭减量替代措施。

（五）合理划分事权。省级生态环境部门应加强对基层“两高”项目环评审批程序、审批结果的监督与评估，对审批能力不适应的依法调整上收。对炼油、乙烯、钢铁、焦化、煤化工、燃煤发电、电解铝、水泥熟料、平板玻璃、铜铅锌硅冶炼等环境影响大或环境风险高的项目类别，不得以改革试点名义随意下放环评审批权限或降低审批要求。

三、推进“两高”行业减污降碳协同控制

（六）提升清洁生产和污染防治水平。新建、扩建“两高”项目应采用先进适用的工艺技术和装备，单位产品物耗、能耗、水耗等达到清洁生产先进水平，依法制定并严格落实防治土壤与地下水污染的措施。国家或地方已出台超低排放要求的“两高”行业建设项目应满足超低排放要求。鼓励使用清洁燃料，重点区域建设项目原则上不新建燃煤自备锅炉。鼓励重点区域高炉—转炉长流程钢铁企业转型为电炉短流程企业。大宗物料优先采用铁路、管道或水路运输，短途接驳优先使用新能源车辆运输。

（七）将碳排放影响评价纳入环境影响评价体系。各级生态环境部门和行政审批部门应积极推进“两高”项目环评开展试点工作，衔接落实有关区域和行业碳达峰行动方案、清洁能源替代、清洁运输、煤炭消费总量控制等政策要求。在环评工作中，统筹开展污染物和碳排放的源项识别、源强核算、减污降碳措施可行性论证及方案比选，提出协同控制最优方案。鼓励有条件的地区、企业探索实施减污降碳协同治理和碳捕集、封存、综合利用工程试点、示范。

四、依排污许可证强化监管执法

（八）加强排污许可证管理。地方生态环境部门和行政审批部门在“两高”企业排污许可证核发审查过程中，应全面核

实环评及批复文件中各项生态环境保护措施及区域削减措施落实情况，对实行排污许可重点管理的“两高”企业加强现场核查，对不符合条件的依法不予许可。加强“两高”企业排污许可证质量和执行报告提交情况检查，督促企业做好台账记录、执行报告、自行监测、环境信息公开等工作。对于持有排污限期整改通知书或排污许可证中存在整改事项的“两高”企业，密切跟踪整改落实情况，发现未按期完成整改、存在无证排污行为的，依法从严查处。

（九）强化以排污许可证为主要依据的执法监管。各地生态环境部门应将“两高”企业纳入“双随机、一公开”监管。加大“两高”企业依证排污以及环境信息依法公开情况检查力度，特别对实行排污许可重点管理的“两高”企业，应及时核查排污许可证许可事项落实情况，重点核查污染物排放浓度及排放量、无组织排放控制、特殊时段排放控制等要求的落实情况。严厉打击“两高”企业无证排污、不按证排污等各类违法行为，及时曝光违反排污许可制度的典型案例。

五、保障政策落地见效

（十）建立管理台账。各级生态环境部门和行政审批部门应建立“两高”项目管理台账，将自2021年起受理、审批环评文件以及有关部门列入计划的“两高”项目纳入台账，记录项目名称、建设地点、所属行业、建设状态、环评文件受理时间、审批部门、审批时间、审批文号等基本信息，涉及产能置换的还应记录置换产能退出装备、产能等信息。既有“两高”项目按有关要求开展复核。“两高”项目暂按煤电、石化、化工、钢铁、有色金属冶炼、建材等六个行业类别统计，后续对“两高”范围国家如有明确规定的，从其规定。省级生态环境部门应统筹调度行政区域内“两高”项目情况，于 2021 年 10 月底前报送生态环境部，后续每半年更新。

（十一）加强监督检查。各地生态环境部门应建立“两高”项目环评与排污许可监督检查工作机制。对基层生态环境部门和行政审批部门已批复环评文件的“两高”项目，省级生态环境部门应开展复核。对已开工在建的，要重点检查生态环境保护措施是否同时实施，是否存在重大变动。对已经投入生产或者使用的，还要重点检查环评文件及批复提出的生态环境保护措施和重点污染物区域削减替代等要求落实情况、排污许可证申领和执行情况。各地生态环境部门应将监督检查中发现的问题及时记入“两高”项目管理台账。生态环境部将进一步加强督促指导。

（十二）强化责任追究。“两高”项目建设单位应认真履行生态环境保护主体责任。对未依法报批环评文件即擅自开工建设的“两高”项目，或未依法重新报批环评文件擅自发生重大变动的，地方生态环境部门应责令立即停止建设，依法严肃查处；对不满足生态环境准入条件的，依法责令恢复原状。对不落实环评及“三同时”要求的“两高”项目，应责令按要求整改；造成重大环境污染或生态破坏的，依法责令停止生产或使用，或依法报经有批准权的人民政府责令关闭。对审批及监管部门工作人员不依法履职、把关不严的，依法给予处分，造成重大损失或影响的，依法追究相关责任人责任。地方政府落实“两高”项目生态环境防控措施不力问题突出的，依法实施区域限批，纳入中央和省级生态环境保护督察。

生态环境部

2021 年 5 月 30 日

4.5

关于进一步做好水泥常态化错峰生产的通知

工信部联原〔2020〕201号

各省、自治区、直辖市及计划单列市、新疆生产建设兵团工业和信息化主管部门、生态环境厅（局）：

“十三五”期间，水泥错峰生产得到全面推行，有效缓解了水泥产能严重过剩矛盾，推动了行业供给侧结构性改革，减少了大气污染物排放，取得了明显的经济、环境和社会效益。为深入贯彻落实《中共中央 国务院关于全面加强生态环境保护 坚决打好污染防治攻坚战的意见》、《国务院办公厅关于促进建材工业稳增长调结构增效益的指导意见》（国办发〔2016〕34号），进一步巩固去产能成果，促进水泥行业绿色低碳发展和质量效益提升，现就进一步做好水泥常态化错峰生产工作通知如下：

一、提高政治站位，强化责任担当

当前，水泥产能严重过剩的结构性矛盾依然存在，大气污染防治攻坚战任务仍然艰巨，全行业要深入学习领会习近平生态文明思想，全面贯彻党的十九大和十九届二中、三中、四中、五中全会精神，牢固树立新发展理念，适应水泥错峰生产常态化要求，科学谋划、分类指导、差异管控、落实责任，加强绩效分级和区域联动，合理缩短水泥熟料装置运转时间，有效压减过剩产能，避免水泥熟料生产排放与取暖污染排放叠加，减轻采暖期大气污染，促进水泥行业提高绿色生产水平，加快实现高质量发展。

二、因时因地制宜，精准施策安排好错峰生产

推动全国水泥错峰生产地域和时间常态化，其中辽宁、吉林、黑龙江、新疆每年自 11 月 1 日至次年 3 月底；北京、天津、河北、山西、内蒙古、山东、河南每年自 11 月 15 日至次年 3 月 15 日；陕西、甘肃、青海、宁夏每年自 12 月 1 日至次年 3 月 10 日；其他地区应结合本地实际，在春节、酷暑伏天、雨季和重大活动期间开展错峰生产。各地区可根据以上要求，结合本地实际及空气质量情况进一步明确具体错峰生产时间。

所有水泥熟料生产线都应进行错峰生产。各地工业和信息化主管部门要组织电石渣生产水泥熟料的生产线与当地非电石渣水泥熟料生产企业沟通协调，通过“错峰置换”参与错峰生产；承担居民供暖任务的生产线，应当在非采暖季、非错峰生产期间补足错峰时间；有全年协同处置城市生活垃圾及有毒有害废弃物等任务的生产线可以不进行错峰生产，但要适当降低水泥生产负荷。

三、统筹协调谋划，处理好错峰生产和经营管理的关系

各水泥企业要提前谋划、科学组织，保障水泥市场供应和员工工资福利。错峰生产期间统筹做好水泥窑、环保设施检修及技术改造等工作，着力改善生产环境，深化环境治理，发挥

好工会作用，结合业务工作开展丰富多彩的职工活动。骨干企业要充分发挥引领带头作用，持续推进行业治理体系和治理能力现代化，做好“六稳”工作、落实“六保”任务。

四、加强部门协调，加大环保监督检查力度

各地工业和信息化主管部门应会同生态环境部门加大落实和检查力度，监督企业认真执行相关法律法规和强制性标准，强化对企业环保设施运行情况检查，促进环境绩效水平不断提升。对不执行行规行约、不守信、不开展错峰生产的企业，必要时进行约谈，拒不改正的要在下一年省级工业和信息化主管部门按年度更新并公告的本地区水泥熟料生产线清单中注明，限制其生产线作为产能置换指标交易。

五、发挥协会作用，开展行业自律

支持中国水泥协会组织制修订行规行约，强化行业自律，建立跨区域的业内协调机制，做好错峰区域与非错峰区域的协同协作。各地区水泥协会要大力引导和协调督促相关企业加强自律，认真落实工业和信息化、生态环境主管部门的工作部署，同时防止违规企业利用错峰生产哄抬水泥产品价格，保障市场稳定供给。

六、强化舆论引导，营造良好氛围环境

利用传统媒体、新型媒体等各种渠道大力宣传错峰生产对化解过剩产能、节能减排、促进行业提质增效的重大意义，增强水泥企业的责任感、荣誉感和自律意识，营造良好舆论氛围。各地工业和信息化、生态环境主管部门要进一步畅通举报渠道，及时向社会公开电话、传真、电子邮箱、网络等多种举

报渠道；对不执行行规行约、不守信、不开展错峰生产的企业公开曝光。

七、认真总结经验，夯实错峰生产常态化机制

各地工业和信息化、生态环境主管部门要加强协调配合，及时掌握水泥错峰生产执行情况，保障水泥常态化错峰生产平稳有序、顺利进行。对上一年度错峰生产执行情况，要认真总结好经验好做法并予以宣传，对落实不到位的负面典型及时通报处理，进一步实化细化错峰生产常态化机制。

特此通知。

工业和信息化部　生态环境部

2020 年 12 月 21 日

4.6

提高站位　污染防治　推动行业生态文明建设
树牢意识　错峰生产　推进供给侧结构性改革

——水泥常态化错峰生产政策解读之一

2020年12月21日，工业和信息化部、生态环境部联合印发了《关于进一步做好水泥常态化错峰生产的通知》（工信部联原〔2020〕201号）（以下简称《通知》），受到了行业广泛关注，振奋了行业精神，坚定了行业信心，赢得了行业好评。“十四五”开局，水泥常态化错峰生产写入了国务院《2030年前碳达峰行动方案》（国发〔2021〕23号），标志着错峰生产成为水泥行业碳达峰的政策工具。

一、《通知》制定背景

《通知》既呼应了近年来开展水泥错峰生产工作的系列文件，又加强了“十四五”期间乃至较长时期内对水泥常态化错峰生产的指导。错峰生产率先发端于水泥行业，从发展过程来看可分为四个阶段。

第一阶段是试点示范阶段。为了缓解水泥产能严重过剩矛盾，同时避免大气污染叠加，2014年全国“两会”期间，18位政协委员联名提交了《关于促进构建北方四省一区（黑龙江、吉林、辽宁、内蒙古、河北）水泥和采暖错峰生产协调机制的构想》的提案，提出在秋冬季采暖期间统一停止水泥窑熟料烧成工序的生产，与供暖锅炉进行错峰防止污染物排放叠加的建议。为落实领导要求和回复提案，工业和信息化部会同中国水泥协会和媒体等开展调研，提出“舆论推动、政府引导、协会协调、先行试点”原则。同年 10 月，新疆维吾尔自治区和生产建设兵团的经信、环保部门联合印发《关于实行水泥错峰生产有关要求的通知》，新疆率先成为试点。后来，北京、天津、河北、山西、内蒙古、辽宁、吉林、黑龙江、山东、河南主动加入试点。

2015 年，工业和信息化部、环境保护部联合印发《关于在北方采暖区全面试行冬季水泥错峰生产的通知》（工信部联原函〔2015〕542 号），决定在北方地区 2015—2016 年采暖季全面试行水泥错峰生产。企业因产能严重过剩而根据市场规律自发停窑限产的市场化行为，首次在政府支持和引导下以水泥错峰生产的形式展开。中国水泥协会在工业和信息化部指导下，配套制定了《水泥企业错峰生产自律公约》，通过强化行业自律诚信，贯彻落实水泥错峰生产试点任务。

第二阶段是全面实施阶段。在总结试点经验的基础上，2016 年《国务院办公厅关于促进建材工业稳增长调结构增效益的指导意见》（国办发〔2016〕34 号）将错峰生产作为压减水泥过剩产能的重要手段，要求“在采暖地区的采暖期全面试行水泥熟料（含利用电石渣）错峰生产”“其他地区水泥熟料装置在春节期间和酷暑伏天也应错峰生产”。国务院将错峰生产作为压减过剩产能的产业政策予以支持鼓励。同年，工业和信息化部联合环境保护部发布《关于进一步做好水泥错峰生产的通知》（工信部联原〔2016〕351 号），部署 2016—2020 年错峰生产工作，北方地区全面实施水泥错峰生产，南方地区试行。当年错峰生产区域内大气质量得到明显改善，水泥行业扭亏为盈，为错峰生产工作常态化奠定了基础。

2017 年，水泥错峰生产工作进一步得到京津冀及周边地区大气污染防治领导小组肯定，写入《京津冀及周边地区 2017 年大气污染防治工作方案》（环大气〔2017〕29 号）和《京津冀及周边地区 2017—2018 年秋冬季大气污染综合治理攻坚行动方案》（环大气〔2017〕110 号），工业和信息化部办公厅和环境保护部办公厅印发《关于“2＋26”城市部分工业行业 2017—2018 年秋冬季开展错峰生产的通知》（工信厅联原函〔2017〕602 号），北方地区全面实施水泥错峰生产，南方地区试行。

第三阶段是推广应用阶段。2018 年 6 月，《中共中央 国务院关于全面加强生态环境保护 坚决打好污染防治攻坚战的意见》提出“重点区域采暖季节，对钢铁、焦化、建材、铸造、电解铝、化工等重点行业企业实施错峰生产”。《国务院关于印发打赢蓝天保卫战三年行动计划的通知》（国发〔2018〕22 号）提出“加大秋冬季工业企业生产调控力度，各地针对钢铁、建材、焦化、铸造、有色、化工等高排放行业，制定错峰生产方案，实施差别化管理”“要将错峰生产方案细化到企业生产线、工序和设备，载入排污许可证”“企业未按期完成治理改造任务的，一并纳入当地错峰生产方案，实施停产”“属于《产业结构调整指导目录》限制类的，要提高错峰限产比例或实施停产”。

《京津冀及周边地区 2018—2019 年秋冬季大气污染综合治理攻坚行动方案》（环大气〔2018〕100 号）、《汾渭平原 2018—2019 年秋冬季大气污染综合治理攻坚行动方案》（环大气〔2018〕132 号）、《长三角地区 2018—2019 年秋冬季大气污染综合治理攻坚行动方案》（环大气〔2018〕140号）等文件，明确要求各地因地制宜实施工业企业错峰生产。错峰生产政策进一步夯实，并扩大到了建材、钢铁、焦化、有色、铸造、化工等多个行业，1.3万家企业开始实施错峰生产。2019年，北方重点区域地方政府纷纷印发2019—2020年秋冬季大气污染综合治理攻坚行动方案，一般在当年11月15日至来年3月15日时段实施停止工业窑炉煅烧工序，执行错峰生产。

第四阶段是常态化错峰阶段。2020年12月，工业和信息化部、生态环境部联合印发《关于进一步做好水泥常态化错峰生产的通知》(工信部联原〔2020〕201号)，充分肯定了水泥错峰生产的经济、环境和社会效益，并在工信部联原〔2016〕351号文件基础上，提出了“常态化”概念，保障了今后较长时期内水泥错峰生产政策的一致性、连贯性和稳妥有序实施。

2020年，工业和信息化部牵头组织开展重点工业行业综合督查检查，水泥错峰生产首次被列为淘汰落后和化解过剩产能督查检查工作要点，这标志着水泥错峰生产与产能减量置换政策一样，成为淘汰落后和化解过剩产能的有效产业政策调控手段，并在今后全国督查检查工作中成为常规项目。

二、《通知》的导向和原则

“十三五”期间，水泥错峰生产得到全面推行，有效缓解了水泥产能严重过剩矛盾，推动了行业供给侧结构性改革，减少了大气污染物排放，取得了明显的经济、环境和社会效益。一方面，水泥行业依靠错峰生产政策，“十三五”期间，减排二氧化碳15.3亿吨，二氧化硫5.34万吨，氮氧化物196.1万吨，颗粒物2.61万吨，节约煤炭亿余吨。另一方面，水泥错峰生产是调节存量项目熟料产量的产业政策，巩固了去产能成效和减碳效果，能够促进水泥行业提前实现碳达峰。

当前水泥产能严重过剩的结构性矛盾依然存在，大气污染防治攻坚战任务依然艰巨。错峰生产成为水泥行业推进生态文明建设、化解产能严重过剩矛盾的有效措施，也是做好碳达峰、碳中和的政策工具。全行业要以习近平新时代中国特色社会主义思想为指导，牢固树立新发展理念，深入学习贯彻习近平生态文明思想，坚定不移执行《中共中央 国务院关于深入打好污染防治攻坚战的意见》，适应水泥常态化错峰生产要求。以科学谋划、分类指导、差异管控、落实责任为水泥常态化错峰生产的原则，以加强绩效分级和区域联动为重点，合理缩短水泥熟料装置运转时间，达到有效压减过剩产能、避免水泥熟料生产排放与供暖季污染排放叠加，削减供暖期煤炭消费峰值，促进水泥行业绿色低碳发展和质量效益提升，加快实现高质量发展。

三、《通知》制定的过程

自错峰生产工作开展以来，工业和信息化部会同生态环境部通过广泛征求有关部门、各地企业和行业协会的意见与建议；深入基层和企业开展调研和座谈工作；委托协会充分评估论证等方式形成了该《通知》，力争体现行业在压减过剩产能、维护市场公平竞争的呼声，凝聚生态文明建设的正能量。

2019 年 1 月，工业和信息化部原材料工业司、节能与综合利用司、生态环境部大气环境司、中国水泥协会、冶金工业规划研究院赴河北省邢台市、邯郸市，河南省安阳市实地调研重点区域 2018—2019 年水泥、钢铁、铸造等行业错峰生产工作。2019 年 3 月，在工业和信息化部原材料工业座谈会上，中国水泥协会作了水泥错峰生产经验交流报告。2019 年 6 月，工业和信息化部原材料工业司联合中国水泥协会赴内蒙古、吉林调研水泥行业发展情况，办理人大代表的水泥错峰生产等建议并召开座谈会。2020 年 4 月，在工业和信息化部原材料工业司支持下，中国水泥协会以视频电话会议形式，主持召开推动水泥行业有序复工复产暨错峰生产工作座谈会。2020 年 6 月，工业和信息化部原材料工业司委托中国水泥协会牵头开展《建材行业现代化治理能力体系政策研究》，将水泥错峰生产作为建材行业治理体系和治理能力现代化建设的重要手段，推进行业供给侧结构性改革。2019—2020 年，中国水泥协会走访调研四十余家重点集团企业和二十余家地区协会，就错峰生产政策执行反馈情况召开三十余场全国性和冀晋鲁豫、泛东北等区域性错峰生产工作会议和座谈会，并向水泥熟料产能排名前 50 家企业（产能占全国比例近 80%）和 31 家省级协会发函征求关于错峰生产的意见和建议，以《关于水泥错峰生产政策执行情况的报告》和《关于统筹推进水泥错峰生产和应急减排措施政策建议的函》两个文件上报工业和信息化部和生态环境部，为水泥常态化错峰生产的文件起草提供了支撑。

四、《通知》的基本内容

《通知》采纳了电石渣生产水泥熟料的生产线和承担居民供暖任务的生产线都应当参加错峰生产，有协同处置任务的生产线要适当降低水泥生产负荷，加大对不执行错峰生产企业的惩戒力度、发挥协会作用、引导企业公平竞争、防止市场垄断等行业建议。

《通知》共分七部分。一是提高政治站位，强化责任担当；二是因时因地制宜，精准施策安排好错峰生产；三是统筹协调谋划，处理好错峰生产和经营管理的关系；四是加强部门协调，加大环保监督检查力度；五是发挥协会作用，开展行业自律；六是强化舆论引导，营造良好氛围环境；七是认真总结经验，夯实错峰生产常态化机制。《通知》总要求是辽宁、吉林、黑龙江、新疆每年自 11 月 1 日至次年 3 月底连续错峰生产至少 5 个月；北京、天津、河北、山西、内蒙古、山东、河南每年自 11 月 15 日至次年 3 月 15 日连续错峰生产至少 4 个月；陕西、甘肃、青海、宁夏每年自 12 月 1 日至次年 3 月 10 日连续错峰生产至少 3 个半月；其他地区在春节、酷暑伏天、雨季和重大活动期间开展错峰生产。各地区结合本地实际及空气质量情况进一步明确具体错峰生产时间。

五、《通知》的实施

在贯彻实施《通知》时，各地工业和信息化主管部门应会同生态环境部门加强协调配合，加大落实监督和检查力度，公开曝光不执行行规行约、不守信、不开展错峰生产的企业，认真总结好经验好做法并予以宣传，及时通报处理落实不到位的负面典型；水泥企业要提前谋划、科学组织，保障水泥市场供应和员工工资福利，骨干企业要充分发挥引领带头作用；中国水泥协会要组织制修订行规行约，强化行业自律，建立跨区域的业内协调机制；各地区水泥协会要大力引导和协调督促相关企业加强自律，认真落实工业和信息化、生态环境主管部门的工作部署；传统媒体、新型媒体等各种渠道要大力宣传错峰生产。

在实际工作中，由各省（自治区、直辖市）工业和信息化主管部门会同生态环境部门实化细化错峰生产常态化机制，及时掌握水泥错峰生产执行情况，切实加强政策协同，形成合力，依照有关法律法规严格监督执法，切实增强产业政策的执行效力。

“十三五”末期，随着政府、企业和协会共同发力，水泥错峰生产已经平稳有序朝着常态化方向迈进，逐步摸索出在保障水泥市场稳定供给的前提下，减污降碳协同增效的工作机制。目前全国有二十余个省（自治区、直辖市）由省级工业和信息化主管部门会同生态环境厅（局）发文指导错峰生产。预计在“十四五”时期，水泥常态化错峰生产工作将更加有效地化解产能严重过剩矛盾，凸显污染防治成效，成为行业供给侧结构性改革的常规政策工具。

4.8

发挥产业政策引导作用　错峰生产列入行业治理体系

——水泥常态化错峰生产政策解读之三

供给侧结构性改革的主要目标，就是实现高质量、可持续发展。构建现代产业体系是实现高质量、可持续发展的关键所在，发挥产业政策的引导作用对构建现代产业体系意义重大。2020年12月21日，工业和信息化部、生态环境部联合印发的《关于进一步做好水泥常态化错峰生产的通知》（工信部联原〔2020〕201号）（以下简称《通知》），科学把握和正确处理政府与市场的关系，使市场在资源配置中起决定性作用和更好发挥政府作用，为水泥市场提供了稳定、公平、透明和可预期的施策环境，激发市场主体活力，弘扬企业家精神。常态化错峰生产政策成为水泥行业治理体系和治理能力现代化的有机组成。

一、抓住关键问题，因业施策

水泥错峰生产政策不断优化，持续发挥作用。回顾2014年水泥行业产能严重过剩，北方地区近40%水泥企业亏损，行业主管部门以有效化解产能严重过剩矛盾为目标，将政府协商和行业自律相结合，大胆支持北方地区水泥企业在秋冬季试行错峰生产，合理缩短水泥熟料装置运转时间，减少熟料生产量，同时避免水泥熟料生产排放与供暖季取暖锅炉排放叠加，减轻供暖期大气污染。北方地区冬季是水泥需求淡季，水泥熟料减产的同时能够减少供暖期燃煤需求和锅炉运行的污染排放叠加；南方地区夏季雨期是水泥需求淡季，水泥熟料减产的同时能够减排氮氧化物，降低光化学烟雾形成，配合污染防治工作。基于这些行业特征，错峰生产政策将化解产能严重过剩矛盾与污染防治相结合，为水泥行业结构调整、企业转型升级和推进行业高质量发展创造了有利条件，为“十三五”期间水泥行业发展做出了历史性的贡献。《通知》的出台，再次强调了错峰生产对于巩固去产能成果、促进水泥行业绿色低碳发展和质量效益提升的重大意义，实化细化了常态化错峰生产机制。

二、成为行业治理体系的有机组成

错峰生产作为产业政策组合拳，成为水泥行业治理体系和治理能力现代化的有机组成部分。《通知》在制定过程中与其他产业政策进行了协调衔接，形成政策合力，加强和扩展了产业政策引导作用。《通知》给出了有力的惩戒手段，将错峰生产政策和新建项目前置条件的产能置换政策挂钩，“对不执行行规行约、不守信、不开展错峰生产的企业，必要时进行约谈，拒不改正的要在下一年省级工业和信息化主管部门按年度更新并公告的本地区水泥熟料生产线清单中注明，限制其生产线作为产能置换指标交易”。

水泥行业探索形成了以产业政策为抓手的供给侧结构性改革路径：在严禁新增产能背景下，实施减量置换政策，推进联合重组、淘汰落后产能，优化产能布局，给新建项目留出发展空间，调节增量；实施错峰生产政策，尊重市场规律和按照环保能效等约束要求谋划生产，优化存量。

三、激发市场主体活力

错峰生产政策是现行的国家各类产业政策中广受企业欢迎、能够充分有效调动企业积极性的亮点政策，水泥企业从“要我错峰”转变为“我要错峰”。较多大企业集团逐渐改变了全年满负荷甚至过载生产的传统经营模式，通过协调生产运营、物流等方式，根据市场需求、环保能效要求和按照年度公布的错峰生产方案提前谋划，科学合理安排生产计划，保障水泥、熟料产品市场稳定供应；在错峰生产期间进行水泥窑、环保设施年度检修及技术改造等工作；发挥工会作用，组织员工培训、活动和落实休假制度。大企业集团发挥了市场主导和带头示范作用，树立典范，互相监督，共同严格执行错峰生产政策。

值得一提的是，水泥行业央企国企党委书记将错峰生产政策宣贯于专题党课之中，将践行错峰生产政策融入到对生态文明建设、推动供给侧结构性改革的责任担当中。有一大批民营企业负责人在座谈会上将认真执行错峰生产政策、维护公平竞争与弘扬企业家精神相结合。企业领导人的责任感、荣誉感、使命感增强。

四、深化“放管服”改革，协会发挥作用

目前，20余省（自治区、直辖市）工业和信息化主管部门联合生态环境主管部门在错峰生产政策实施过程中不断探索，逐渐形成了有效工作机制，及时发布年度水泥错峰生产方案，各级部门勤勉尽责，认真贯彻落实，各级行业协会密切配合，形成了良好的氛围环境。政府、企业、协会发挥合力，共

同落实错峰生产。

中国水泥协会先后出台了《水泥行业错峰生产规则认定》等行规行约，并联合地区水泥（建材）协会，积极配合各级政府、引导水泥企业参与错峰生产，及时总结科学精准的错峰生产经验，组织区域错峰生产工作会议，联动执行错峰生产。

自律是行业发展成熟的标志。行业自律就是指全行业自觉遵守各项政策法规。在今后较长时期内，常态化错峰生产是有效的产业政策工具，也是行业自律的重要内容。

5　信息安全与 5G 赋能

5.1

中华人民共和国密码法

（2019 年 10 月 26 日第十三届全国人民代表大会常务委员会第十四次会议通过）

目　录

第一章　总　则

第一条　为了规范密码应用和管理，促进密码事业发展，保障网络与信息安全，维护国家安全和社会公共利益，保护公民、法人和其他组织的合法权益，制定本法。

第二条　本法所称密码，是指采用特定变换的方法对信息等进行加密保护、安全认证的技术、产品和服务。

第三条　密码工作坚持总体国家安全观，遵循统一领导、分级负责，创新发展、服务大局，依法管理、保障安全的原则。

第四条 坚持中国共产党对密码工作的领导。中央密码工作领导机构对全国密码工作实行统一领导，制定国家密码工作重大方针政策，统筹协调国家密码重大事项和重要工作，推进国家密码法治建设。

第五条 国家密码管理部门负责管理全国的密码工作。县级以上地方各级密码管理部门负责管理本行政区域的密码工作。

国家机关和涉及密码工作的单位在其职责范围内负责本机关、本单位或者本系统的密码工作。

第六条 国家对密码实行分类管理。

密码分为核心密码、普通密码和商用密码。

第七条 核心密码、普通密码用于保护国家秘密信息，核心密码保护信息的最高密级为绝密级，普通密码保护信息的最高密级为机密级。

核心密码、普通密码属于国家秘密。密码管理部门依照本法和有关法律、行政法规、国家有关规定对核心密码、普通密码实行严格统一管理。

第八条 商用密码用于保护不属于国家秘密的信息。

公民、法人和其他组织可以依法使用商用密码保护网络与信息安全。

第九条 国家鼓励和支持密码科学技术研究和应用，依法保护密码领域的知识产权，促进密码科学技术进步和创新。

国家加强密码人才培养和队伍建设，对在密码工作中作出突出贡献的组织和个人，按照国家有关规定给予表彰和奖励。

第十条 国家采取多种形式加强密码安全教育，将密码安全教育纳入国民教育体系和公务员教育培训体系，增强公民、法人和其他组织的密码安全意识。

第十一条 县级以上人民政府应当将密码工作纳入本级国民经济和社会发展规划，所需经费列入本级财政预算。

第十二条 任何组织或者个人不得窃取他人加密保护的信息或者非法侵入他人的密码保障系统。

任何组织或者个人不得利用密码从事危害国家安全、社会公共利益、他人合法权益等违法犯罪活动。

第二章 核心密码、普通密码

第十三条 国家加强核心密码、普通密码的科学规划、管理和使用，加强制度建设，完善管理措施，增强密码安全保障能力。

第十四条 在有线、无线通信中传递的国家秘密信息，以及存储、处理国家秘密信息的信息系统，应当依照法律、行政法规和国家有关规定使用核心密码、普通密码进行加密保护、安全认证。

第十五条 从事核心密码、普通密码科研、生产、服务、检测、装备、使用和销毁等工作的机构（以下统称密码工作机构）应当按照法律、行政法规、国家有关规定以及核心密码、普通密码标准的要求，建立健全安全管理制度，采取严格的保密措施和保密责任制，确保核心密码、普通密码的安全。

第十六条 密码管理部门依法对密码工作机构的核心密码、普通密码工作进行指导、监督和检查，密码工作机构应当配合。

第十七条 密码管理部门根据工作需要会同有关部门建立核心密码、普通密码的安全监测预警、安全风险评估、信息通报、重大事项会商和应急处置等协作机制，确保核心密码、普通密码安全管理的协同联动和有序高效。

密码工作机构发现核心密码、普通密码泄密或者影响核心密码、普通密码安全的重大问题、风险隐患的，应当立即采取应对措施，并及时向保密行政管理部门、密码管理部门报告，由保密行政管理部门、密码管理部门会同有关部门组织开展调查、处置，并指导有关密码工作机构及时消除安全隐患。

第十八条 国家加强密码工作机构建设，保障其履行工作职责。

国家建立适应核心密码、普通密码工作需要的人员录用、选调、保密、考核、培训、待遇、奖惩、交流、退出等管理制度。

第十九条 密码管理部门因工作需要，按照国家有关规定，可以提请公安、交通运输、海关等部门对核心密码、普通密码有关物品和人员提供免检等便利，有关部门应当予以协助。

第二十条 密码管理部门和密码工作机构应当建立健全严格的监督和安全审查制度，对其工作人员遵守法律和纪律等情况进行监督，并依法采取必要措施，定期或者不定期组织开展安全审查。

第三章 商用密码

第二十一条 国家鼓励商用密码技术的研究开发、学术交流、成果转化和推广应用，健全统一、开放、竞争、有序的商用密码市场体系，鼓励和促进商用密码产业发展。

各级人民政府及其有关部门应当遵循非歧视原则，依法平等对待包括外商投资企业在内的商用密码科研、生产、销售、服务、进出口等单位（以下统称商用密码从业单位）。国家鼓励在外商投资过程中基于自愿原则和商业规则开展商用密码技术合作。行政机关及其工作人员不得利用行政手段强制转让商用密码技术。

商用密码的科研、生产、销售、服务和进出口，不得损害国家安全、社会公共利益或者他人合法权益。

第二十二条　国家建立和完善商用密码标准体系。

国务院标准化行政主管部门和国家密码管理部门依据各自职责，组织制定商用密码国家标准、行业标准。

国家支持社会团体、企业利用自主创新技术制定高于国家标准、行业标准相关技术要求的商用密码团体标准、企业标准。

第二十三条　国家推动参与商用密码国际标准化活动，参与制定商用密码国际标准，推进商用密码中国标准与国外标准之间的转化运用。

国家鼓励企业、社会团体和教育、科研机构等参与商用密码国际标准化活动。

第二十四条　商用密码从业单位开展商用密码活动，应当符合有关法律、行政法规、商用密码强制性国家标准以及该从业单位公开标准的技术要求。

国家鼓励商用密码从业单位采用商用密码推荐性国家标准、行业标准，提升商用密码的防护能力，维护用户的合法权益。

第二十五条　国家推进商用密码检测认证体系建设，制定商用密码检测认证技术规范、规则，鼓励商用密码从业单位自愿接受商用密码检测认证，提升市场竞争力。

商用密码检测、认证机构应当依法取得相关资质，并依照法律、行政法规的规定和商用密码检测认证技术规范、规则开展商用密码检测认证。

商用密码检测、认证机构应当对其在商用密码检测认证中所知悉的国家秘密和商业秘密承担保密义务。

第二十六条 涉及国家安全、国计民生、社会公共利益的商用密码产品，应当依法列入网络关键设备和网络安全专用产品目录，由具备资格的机构检测认证合格后，方可销售或者提供。商用密码产品检测认证适用《中华人民共和国网络安全法》的有关规定，避免重复检测认证。

商用密码服务使用网络关键设备和网络安全专用产品的，应当经商用密码认证机构对该商用密码服务认证合格。

第二十七条 法律、行政法规和国家有关规定要求使用商用密码进行保护的关键信息基础设施，其运营者应当使用商用密码进行保护，自行或者委托商用密码检测机构开展商用密码应用安全性评估。商用密码应用安全性评估应当与关键信息基础设施安全检测评估、网络安全等级测评制度相衔接，避免重复评估、测评。

关键信息基础设施的运营者采购涉及商用密码的网络产品和服务，可能影响国家安全的，应当按照《中华人民共和国网络安全法》的规定，通过国家网信部门会同国家密码管理部门等有关部门组织的国家安全审查。

第二十八条 国务院商务主管部门、国家密码管理部门依法对涉及国家安全、社会公共利益且具有加密保护功能的商用密码实施进口许可，对涉及国家安全、社会公共利益或者中国承担国际义务的商用密码实施出口管制。商用密码进口许可清单和出口管制清单由国务院商务主管部门会同国家密码管理部门和海关总署制定并公布。

大众消费类产品所采用的商用密码不实行进口许可和出口管制制度。

第二十九条　国家密码管理部门对采用商用密码技术从事电子政务电子认证服务的机构进行认定，会同有关部门负责政务活动中使用电子签名、数据电文的管理。

第三十条　商用密码领域的行业协会等组织依照法律、行政法规及其章程的规定，为商用密码从业单位提供信息、技术、培训等服务，引导和督促商用密码从业单位依法开展商用密码活动，加强行业自律，推动行业诚信建设，促进行业健康发展。

第三十一条　密码管理部门和有关部门建立日常监管和随机抽查相结合的商用密码事中事后监管制度，建立统一的商用密码监督管理信息平台，推进事中事后监管与社会信用体系相衔接，强化商用密码从业单位自律和社会监督。

密码管理部门和有关部门及其工作人员不得要求商用密码从业单位和商用密码检测、认证机构向其披露源代码等密码相关专有信息，并对其在履行职责中知悉的商业秘密和个人隐私严格保密，不得泄露或者非法向他人提供。

第四章　法律责任

第三十二条　违反本法第十二条规定，窃取他人加密保护的信息，非法侵入他人的密码保障系统，或者利用密码从事危害国家安全、社会公共利益、他人合法权益等违法活动的，由有关部门依照《中华人民共和国网络安全法》和其他有关法律、行政法规的规定追究法律责任。

第三十三条　违反本法第十四条规定，未按照要求使用核心密码、普通密码的，由密码管理部门责令改正或者停止违法行为，给予警告；情节严重的，由密码管理部门建议有关国家机关、单位对直接负责的主管人员和其他直接责任人员依法给予处分或者处理。

第三十四条 违反本法规定，发生核心密码、普通密码泄密案件的，由保密行政管理部门、密码管理部门建议有关国家机关、单位对直接负责的主管人员和其他直接责任人员依法给予处分或者处理。

违反本法第十七条第二款规定，发现核心密码、普通密码泄密或者影响核心密码、普通密码安全的重大问题、风险隐患，未立即采取应对措施，或者未及时报告的，由保密行政管理部门、密码管理部门建议有关国家机关、单位对直接负责的主管人员和其他直接责任人员依法给予处分或者处理。

第三十五条 商用密码检测、认证机构违反本法第二十五条第二款、第三款规定开展商用密码检测认证的，由市场监督管理部门会同密码管理部门责令改正或者停止违法行为，给予警告，没收违法所得；违法所得三十万元以上的，可以并处违法所得一倍以上三倍以下罚款；没有违法所得或者违法所得不足三十万元的，可以并处十万元以上三十万元以下罚款；情节严重的，依法吊销相关资质。

第三十六条 违反本法第二十六条规定，销售或者提供未经检测认证或者检测认证不合格的商用密码产品，或者提供未经认证或者认证不合格的商用密码服务的，由市场监督管理部门会同密码管理部门责令改正或者停止违法行为，给予警告，没收违法产品和违法所得；违法所得十万元以上的，可以并处违法所得一倍以上三倍以下罚款；没有违法所得或者违法所得不足十万元的，可以并处三万元以上十万元以下罚款。

第三十七条 关键信息基础设施的运营者违反本法第二十七条第一款规定，未按照要求使用商用密码，或者未按照要求开展商用密码应用安全性评估的，由密码管理部门责令改正，给予警告；拒不改正或者导致危害网络安全等后果的，处十万元以上一百万元以下罚款，对直接负责的主管人员处一万元以上十万元以下罚款。

关键信息基础设施的运营者违反本法第二十七条第二款规定，使用未经安全审查或者安全审查未通过的产品或者服务的，由有关主管部门责令停止使用，处采购金额一倍以上十倍以下罚款；对直接负责的主管人员和其他直接责任人员处一万元以上十万元以下罚款。

第三十八条　违反本法第二十八条实施进口许可、出口管制的规定，进出口商用密码的，由国务院商务主管部门或者海关依法予以处罚。

第三十九条　违反本法第二十九条规定，未经认定从事电子政务电子认证服务的，由密码管理部门责令改正或者停止违法行为，给予警告，没收违法产品和违法所得；违法所得三十万元以上的，可以并处违法所得一倍以上三倍以下罚款；没有违法所得或者违法所得不足三十万元的，可以并处十万元以上三十万元以下罚款。

第四十条　密码管理部门和有关部门、单位的工作人员在密码工作中滥用职权、玩忽职守、徇私舞弊，或者泄露、非法向他人提供在履行职责中知悉的商业秘密和个人隐私的，依法给予处分。

第四十一条　违反本法规定，构成犯罪的，依法追究刑事责任；给他人造成损害的，依法承担民事责任。

第五章　附　　则

第四十二条　国家密码管理部门依照法律、行政法规的规定，制定密码管理规章。

第四十三条 中国人民解放军和中国人民武装警察部队的密码工作管理办法，由中央军事委员会根据本法制定。

第四十四条 本法自 2020 年 1 月 1 日起施行。

5.2

关于印发5G应用“扬帆”行动计划（2021—2023年）的通知

工信部联通信〔2021〕77号

各省、自治区、直辖市及计划单列市工业和信息化主管部门、通信管理局、党委网信办、发展改革委、教育厅（局，教委）、文化和旅游厅（局）、卫生健康委、财政厅（局）、住房和城乡建设厅（局、委）、能源局，新疆生产建设兵团工业和信息化主管部门、党委网信办、发展改革委、教育局、文化体育广电和旅游局、财政局、住房和城乡建设局、能源局，各地高等院校，各中央企业，各相关单位：

现将《5G应用“扬帆”行动计划（2021—2023年）》印发给你们，请结合实际认真贯彻落实。

工业和信息化部
中央网络安全和信息化委员会办公室
国家发展和改革委员会
教育部
财政部
住房和城乡建设部
文化和旅游部
国家卫生健康委员会
国务院国有资产监督管理委员会
国家能源局
2021年7月5日

5G应用“扬帆”行动计划（2021—2023年）

5G融合应用是促进经济社会数字化、网络化、智能化转型的重要引擎。为贯彻落实习近平总书记关于加快5G发展的重要指示精神和党中央、国务院决策部署，大力推动5G全面协同发展，深入推进5G赋能千行百业，促进形成“需求牵引供给，供给创造需求”的高水平发展模式，驱动生产方式、生活方式和治理方式升级，培育壮大经济社会发展新动能，特制订本计划。

一、总体要求

（一）指导思想

以习近平新时代中国特色社会主义思想为指导，全面贯彻党的十九大和十九届二中、三中、四中、五中全会精神，立足新发展阶段，贯彻新发展理念，构建新发展格局，面向实体经济主战场，面向经济社会数字化转型需求，统筹发展和安全，遵循5G应用发展规律，着力打通5G应用创新链、产业链、供应链，协同推动技术融合、产业融合、数据融合、标准融合，打造5G融合应用新产品、新业态、新模式，为经济社会各领域的数字转型、智能升级、融合创新提供坚实支撑。

（二）基本原则

坚持需求牵引。充分发挥市场在资源配置中的决定性作用，强化企业在5G应用发展中的主体地位，进一步释放消费市场、垂直行业、社会民生等方面对5G应用的需求潜力，激发5G应用创新活力。

坚持创新驱动。围绕5G行业应用个性化需求，加大技术创新力度，加强关键技术和产品研发，奠定5G应用发展的技术和产业基础。遵循5G技术、标准、产业、网络和应用渐次导入的客观规律，紧扣国际标准节奏，有重点地推动5G应用发展。

坚持重点突破。聚焦5G发展关键环节，着力解决协议标准互通、应用生态构建、产业基础强化等关键共性问题。支持基础扎实、模式清晰、前景广阔的重点领域率先突破，示范引领5G应用规模化落地。

坚持协同联动。加强各方沟通衔接，畅通跨部门、跨行业、跨领域协作。发挥行业、地方等积极性，出台并落实支持5G应用发展的政策举措。发挥龙头企业牵引作用，推动上下游企业深度互联和协同合作，形成“团体赛”模式。

（三）总体目标

到2023年，我国5G应用发展水平显著提升，综合实力持续增强。打造IT（信息技术）、CT（通信技术）、OT（运营技术）深度融合新生态，实现重点领域5G应用深度和广度双突破，构建技术产业和标准体系双支柱，网络、平台、安全等基础能力进一步提升，5G应用“扬帆远航”的局面逐步形成。

——5G应用关键指标大幅提升。5G个人用户普及率超过40%，用户数超过5.6亿。5G网络接入流量占比超50%，5G网络使用效率明显提高。5G物联网终端用户数年均增长率超200%。

——重点领域5G应用成效凸显。个人消费领域，打造一批“5G+”新型消费的新业务、新模式、新业态，用户获得感显著提升。垂直行业领域，大型工业企业的5G应用渗透率超过35%，电力、采矿等领域5G应用实现规模化复制推广，5G+车联网试点范围进一步扩大，促进农业水利等传统行业数字化转型升级。社会民生领域，打造一批5G+智慧教育、5G+智慧医疗、5G+文化旅游样板项目，5G+智慧城市建设水平进一步提升。每个重点行业打造100个以上5G应用标杆。

——5G应用生态环境持续改善。跨部门、跨行业、跨领域协同联动的机制初步构建，形成政府部门引导、龙头企业带动、中小企业协同的5G应用融通创新模式。培育一批具有广泛影响力的5G应用解决方案供应商，形成100种以上的5G应用解决方案。完成基础共性和重点行业5G应用标准体系框架，研制30项以上重点行业标准。

——关键基础支撑能力显著增强。5G网络覆盖水平不断提升，每万人拥有5G基站数超过18个，建成超过3000个5G行业虚拟专网。建设一批5G融合应用创新中心，面向应用创新的公共服务平台能力进一步增强。5G应用安全保障能力进一步提升，打造10—20个5G应用安全创新示范中心，树立3—5个区域示范标杆，与5G应用发展相适应的安全保障体系基本形成。

二、突破5G应用关键环节

（一）5G应用标准体系构建行动

1. 加快打通跨行业协议标准。加强跨部门、跨行业、跨领域标准化重要事项的统筹协调，建立健全相关标准化组织合作机制，尽快实现协议互通、标准互认，系统推进5G行业应用标准体系建设及相关政策措施落实，加速推动融合应用标准的制定。充分发挥5G应用产业方阵行业组织优势，促进融合应用标准的实施落地。

2. 研制重点行业融合应用标准。系统推进重点行业 5G 融合应用标准研究，明确标准化重点方向，加强基础共性标准、融合设备标准、重点行业解决方案标准的研制，加快标准化通用化进程，突破重点领域融合标准研究和制定。

3. 落地一批重点行业关键标准。发挥各重点行业龙头企业带头作用，带动各方进一步强化协作，合力推动 5G 行业应用标准的迭代、评估和优化，促进相关标准在重点行业的应用落地。

专栏 1：5G 应用标准体系构建及推广工程
构建 5G 应用标准体系。加快研制芯片/模组、网络、平台、安全体系架构、应用需求、术语定义等基础共性标准。开展 5G 确定性网络、增强上行速率、高精度定位、抗电磁干扰等面向行业需求的增强技术标准研究，加快创新技术和应用向标准转化。加快重点行业融合应用标准制定，推进行业融合终端、网络建设标准研制。推广重点行业 5G 应用标准，选择医疗、工业、媒体等重点领域，率先推动 5G 应用标准落地。提升 5G 应用标准公共服务能力。开展行业 5G 应用标准测试评估认证，推进创新技术成果向标准转化。 到 2023 年底，形成基础共性和重点行业 5G 应用标准体系，完成 30 项以上重点行业关键标准研制。

（二）5G 产业基础强化行动

4. 加强关键系统设备攻关。持续推进 5G 增强技术基站研发，巩固中频段 5G 产业能力。组织开展 5G 毫米波基站研发和端到端测试，加快技术和产品成熟，奠定 5G 毫米波商用的产业基础。按照 5G 国际标准不同版本阶段性特征，R15 版本聚焦高速率大带宽应用，R16 版本聚焦高可靠低时延应用，R17 版本聚焦中高速大连接应用，分阶段开展技术、产业化和应用导入。

5. 加快弥补产业短板弱项。加大基带芯片、射频芯片、关键射频前端器件等投入力度，加速突破技术和产业化瓶颈，带动设计工具、制造工艺、关键材料、核心 IP 等产业整体水平提升。加快轻量化 5G 芯片模组和毫米波器件的研发及产业化，进一步提升终端模组性价比，满足行业应用个性化需求，提升产业基础支撑能力。支持高精度、高灵敏度、大动态范围的 5G 射频、协议、性能等仪器仪表研发，带动仪表用高端芯片、核心器件等尽快突破。

6. 加快新型消费终端成熟。推进基于 5G 的可穿戴设备、智能家居产品、超高清视频终端等大众消费产品普及。推动嵌入式 SIM（eSIM）可穿戴设备服务纵深发展，研究进一步拓展应用场景。推动虚拟现实/增强现实等沉浸式设备工程化攻关，重点突破近眼显示、渲染处理、感知交互、内容制作等关键核心技术，着力降低产品功耗，提升产品供给水平。

专栏 2：面向行业需求的 5G 产品攻坚工程
增强 5G 基站行业适配能力。针对高温、高湿、防爆等特殊场景，研制适配各行业需求的专用 5G 基站。加大适配大上行、低时延、大连接、高精度定位等需求的新型基站研发，满足 5G 行业应用需求。推动 5G 模组规模化商用。构建模组分级分类产业化体系，指导行业面向差异化场景需求开展精准化产品研发，持续提升模组的环境适应性，不断降低规模化应用门槛。建设行业终端产品体系。丰富面向行业的终端产品形态，真正实现 5G 行业终端到现场、到产线、到园区。加快推动基于 5G 模组的高清摄像头、工业级路由器/网关、车载联网设备、自动导引车（AGV）等各类行业终端的研发和迭代演进。推进行业高端装备加快在研发和生产中预置 5G 能力并开放接口。到 2023 年底，满足行业需求的 5G 基站、模组供给能力显著增强，5G 行业终端产品、高端装备逐步成熟。

三、赋能5G应用重点领域

（一）新型信息消费升级行动

7. 5G＋信息消费。推进5G与智慧家居融合，深化应用感应控制、语音控制、远程控制等技术手段，发展基于5G技术的智能家电、智能照明、智能安防监控、智能音箱、新型穿戴设备、服务机器人等，不断丰富5G应用载体。加快云AR/VR头显、5G＋4K摄像机、5G全景VR相机等智能产品推广，拉动新型产品和新型内容消费，促进新型体验类消费发展。

8. 5G＋融合媒体。开展5G背包、超高清摄像机、5G转播车等设备的使用推广，利用5G技术加快传统媒体制作、采访、编辑、播报等各环节智能化升级。推广高新视频服务、推动5G新空口（NR）广播电视落地应用，提供广播电视和应急广播等业务。开展5G＋8K直播、5G＋全景式交互化视音频业务，培育360度观赛体验，结合2022年北京冬奥会和冬残奥会等重大活动，推动5G在大型赛事活动中的普及。

（二）行业融合应用深化行动

9. 5G＋工业互联网。推进5G模组与AR/VR、远程操控设备、机器视觉、AGV等工业终端的深度融合，加快利用5G改造工业内网，打造5G全连接工厂标杆，形成信息技术网络与生产控制网络融合的网络部署模式，推动“5G＋工业互联网”服务于生产核心环节。围绕研发设计、生产制造、运营管理、产品服务等环节，聚焦“5G＋工业互联网”发展重点行业，打造典型应用场景，持续开展“5G＋工业互联网”试点示范，支持5G在质量检测、远程运维、多机协同作业、人机交互等智能制造领域的深化应用，不断强化示范引领，推动成熟模式在更多行业和领域复制推广。打造产业生态，推广区域应用，鼓励各地建设“5G＋工业互联网”融合应用先导区，不断拓展5G在原材料、装备、消费品、电子等领域的应用。

10．5G＋车联网。强化汽车、通信、交通等行业的协同，加强政府、行业组织和企业间联系，共同建立完备的5G与车联网测试评估体系，保障应用的端到端互联互通。提炼可规模化推广、具备商业化闭环的典型应用场景，提升用户接受程度。加快提升C－V2X通信模块的车载渗透率和路侧部署。加快探索商业模式和应用场景，支持创建国家级车联网先导区，推动车联网基础设施与5G网络协同规划建设，选择重点城市典型区域、合适路段以及高速公路重点路段等，加快5G＋车联网部署，推广C－V2X技术在园区、机场、港区、矿山等区域的创新应用。建立跨行业、跨区域互信互认的车联网安全通信体系。

11．5G＋智慧物流。加强5G在园区、仓库、社区等场所的物流应用创新，推动5G在无人车快递运输、智能分拣、无人仓储、智能佩戴、智能识别等场景应用落地。加速基于5G的物流物联网数据接入、计算和应用平台建设，推进端边云协同的物流自动化智能装备和基础设施建设，助力实现物流行业自动化运输、智能仓储和全流程监控。

12．5G＋智慧港口。研制适用于港口集装箱环境的5G辅助定位产品，加快自动化码头、堆场库场数字化改造和建设。推动港口建设和养护运行全过程、全周期数字化，加快智慧港口基础设施建设，推广5G在无人巡检、远程塔吊、自动导引运输、集卡自动驾驶、智能理货等场景的应用，助力港口智能化。

13．5G＋智能采矿。加快可适应采矿环境具有防爆等要求的5G通信设备研制和认证，推进露天矿山和地下矿区5G网络系统、智能化矿区管控平台、企业云平台等融合基础设施建设。

推广5G在能源矿产、金属矿产、非金属矿产等各类矿区的应用，拓展采矿业远程控制、无人驾驶等5G应用场景，推进井下核心采矿装备远程操控和集群化作业、深部高危区域采矿装备无人化作业、露天矿区实现智能连续作业和无人化运输。

14. 5G＋智慧电力。突破电力行业重点场景5G确定性时延、授时精度、安全保障等关键技术，搭建融合5G的电力通信管理支撑系统和边缘计算平台。开展基于5G的工业控制与监测网络升级改造，推广发电设备运维、配电自动化、输电线/变电站巡检、用电信息采集等场景应用，实现发电环节生产的可视化、配电环节控制的智能化、输变电环节监控的无人化、用电环节采集的实时化。

15. 5G＋智能油气。开展适应油田油井复杂环境的5G特种终端设备的研发，推进多协议智能数据采集5G网关、监控产品的研制，实现与油气领域通信接口的有效衔接。实施5G在油田油井、管线、加油站等环节高清视频监控、管道泄露监测、机器人智能巡检、危化品运输监控等业务场景的深度应用，为油气采集、管道传输、油气冶炼等环节提供安全高效的智能化支撑。

16. 5G＋智慧农业。根据农业农村数字化需求，重点推进面向广覆盖低成本场景的5G技术和应用。丰富5G在智能农业的应用场景，加快智能农机、农业机器人在无人农业作业试验等农业生产环节中的5G应用创新，发展5G在农产品冷链物流、电商直播等领域应用。加强数字乡村与5G融合应用，提升乡村治理和公共服务信息化水平，利用5G推动教育、文化、医疗等资源向农村延伸，促进农村信息消费。

17. 5G＋智慧水利。推进5G技术与水利行业的深度融合，应用5G、物联网、遥感、边缘计算等新技术，提高水利要素感知水平。结合北斗定位、人工智能等技术，针对水利工程施工场景，研究人工智能施工系统顶层设计和模型算法实现，在5G人机协同应用方面实现突破。

（三）社会民生服务普惠行动

18. 5G+智慧教育。加快5G教学终端设备及AR/VR教学数字内容的研发，结合AR/VR、全息投影等技术实现场景化交互教学，打造沉浸式课堂。推动5G技术对教育专网的支撑，结合具体应用场景，研究制订网络、应用、终端等在线教育关键环节技术规范。加大5G在智慧课堂、全息教学、校园安防、教育管理、学生综合评价等场景的推广，提升教学、管理、科研、服务等各环节的信息化能力。

19. 5G+智慧医疗。开展5G医用机器人、5G急救车、5G医疗接入网关、智能医疗设备等产品的研发。加强5G医疗健康网络基础设施部署，重点优化覆盖全国三甲医院、疾病预防控制中心、便民医疗点、医养结合机构等场所，打造面向院内医疗和远程医疗的5G网络、5G医疗边缘云。丰富5G技术在医疗健康行业的应用场景，重点推广5G在急诊急救、远程诊断、健康管理等场景的应用，加快培育技术先进、性能优越、效果明显的智慧医疗服务新业态。

20. 5G+文化旅游。突破数字内容关键共性技术，推进超高清视频编解码、端云协同渲染、三维重建等关键技术研发，开发适配5G网络的AR/VR沉浸式内容、4K/8K视频等应用。打造AR/VR业务支撑平台和云化内容聚合分发平台，推动与5G结合的社交、演播观影、电子竞技、数字艺术等互动内容产业发展。促进5G和文旅装备、文保装备、冰雪装备的融合创新。推动景区、博物馆等发展线上数字化体验产品，培育云旅游、云直播、云展览、线上演播等新业态，鼓励定制、体验、智能、互动等文化和旅游消费新模式发展，打造沉浸式文化和旅游体验新场景。

21. 5G+智慧城市。加大超高清视频监控、巡逻机器人、智慧警用终端、智慧应急终端等产品在城市安防、应急管理方面的应用，建设实时精准的安全防控体系。加快智慧表计等产品在市政管理、环境监测等领域部署，探索构建数字孪生城市，提高城市感知能力。围绕信息惠民便民，加快推广基于5G技术的智慧政务服务。以社区、园区、街区等为基本单元加快数字化改造，形成一批5G智慧社区综合解决方案，提供全方位数字化社区生活新服务。推动5G技术在基于数字化、网络化、智能化的新型城市基础设施建设中的创新应用，全面提升城市建设水平和运行效率。

四、提升5G应用支撑能力

（一）5G网络能力强基行动

22. 提升面向公众的5G网络覆盖水平。加快5G独立组网建设，扩大5G网络城乡覆盖，持续打造5G高质量网络，推动“双千兆”网络协同发展。新建5G网络全面支持IPv6，着力提升5G网络IPv6流量。强化室内场景、地下空间、重点交通枢纽及干线沿线5G网络覆盖，推动5G公网上高铁，提升典型场景网络服务质量。推广利用中低频段拓展农村及偏远地区5G网络覆盖。

23. 加强面向行业的5G网络供给能力。加快提升端到端网络切片、边缘计算、高精度室内定位等关键技术支撑能力，推进面向行业的自贸区、工业园区、企业厂区、医卫机构等重点区域5G覆盖。支持各地结合区域需求，建设5G行业虚拟专网，探索建网新模式，形成区域先导效应。

24. 加强 5G 频率资源保障。继续做好 5G 基站和卫星地球站等无线电台站的干扰协调工作。推动 700MHz 频段广播电视业务的频率迁移，加快 700MHz 频段 5G 网络部署，适时发布 5G 毫米波频率规划，探索 5G 毫米波频率使用许可实行招标制度，开展 5G 工业专用频率需求以及其他无线电系统兼容性研究，研究制定适合我国的 5G 工业专用频率使用许可模式和管理规则。

（二）5G 应用生态融通行动

25. 加快跨领域融合创新发展。支持电信运营、通信设备、垂直行业、信息技术、互联网等企业结合自身优势，开展 5G 融合应用技术创新、集成创新、服务创新和数据应用创新。深化 5G、云计算、大数据、人工智能、区块链等技术融合创新，打好技术“组合拳”，不断培育 5G 应用新蓝海。打造一批既懂 5G 又懂行业的应用解决方案供应商，形成 5G 应用解决方案供应商名录，支撑千行百业数字化转型，带动芯片模组规模化发展，促进上下游跨界协同联动。

26. 推动 5G 融合应用政策创新。鼓励和支持各地结合区域特色和行业优势，开放 5G 应用场景，加快地方特色应用落地。打造协同效应显著、辐射带动能力强、商业模式清晰的 5G 应用创新引领区，探索应用推广新模式，以点带面、纵深推进重点行业规模化应用。

27. 开展 5G 应用创新载体建设。依托 5G 应用产业方阵，以龙头企业、科研单位为创建主体，建设一批 5G 融合应用创新中心，开展面向应用创新的技术和产业服务。依托行业龙头企业、高等院校、科研院所，加快 5G 应用孵化器和众创空间等双创载体建设，完善创新载体运营模式。发挥孵化器和众创空间的区域产业聚集优势，结合地方产业特色，推动 5G 技术和应用解决方案成果转移转化。

28. 强化5G应用共性技术平台支撑。面向工业制造、交通、医疗等重点领域的关键共性技术需求，依托行业龙头企业、高等院校、科研院所开展5G行业应用关键技术联合攻关，建设重点行业共性技术平台，解决制约行业应用复制推广的技术瓶颈。重点支持建设与5G结合的室外北斗高精度定位、室内5G蜂窝独立定位、人工智能、超高清视频、增强现实/虚拟现实（AR/VR）等共性技术平台，提供跨行业的5G应用基础能力。

专栏3：5G应用创新生态培育示范工程
培育5G应用解决方案供应商。推动龙头企业发挥技术和市场优势，面向重点行业推出5G应用整体解决方案和集成产品，形成一批创新能力强、带动效应明显的5G应用解决方案领先供应商。引导具备细分场景技术优势和行业知识经验的中小企业，推出与行业需求深度结合的5G应用解决方案和成熟产品，形成一批围绕重点行业细分场景的5G应用解决方案供应商。打造行业龙头标杆。调动重点行业龙头企业积极性，发挥需求导向和资源整合作用，打通5G应用关键环节，打造一批5G应用标杆案例，为5G规模应用提供示范引领。建设5G融合应用创新中心。推动5G应用全产业链协同创新，进行产品工程化攻关，提升科技创新和成果转化效率。持续建设完善5G应用仓库，加强创新要素供需对接和资源共享。提供5G应用高端研发服务和生产性服务，支持建设面向重点行业需求的应用测试验证实验室，加快形成5G应用技术验证、质量检测等服务能力。创建5G应用创新引领区。激发各地创新活力，积极开展应用创新政策试点，优化5G应用发展环境，探索5G网络建设和应用发展新模式，打造一批5G应用创新引领区。统筹推动全国各地5G特色化应用，发挥京津冀、长三角、粤港澳等区域的产业集聚效应，加强区域联动，推动建设一批5G产业基地。鼓励有条件的地方加大支持力度，形成一批可复制可推广的5G应用项目。持续举办“绽放杯”5G应用征集大赛，及时发布5G融合应用优秀案例，加快5G应用落地推广。

（三）5G应用安全提升行动

29. 加强5G应用安全风险评估。构建5G应用全生命周期安全管理机制，指导企业将5G应用安全风险评估机制纳入5G应用研发推广工作流程，同步规划建设运行安全管理和技术措施，并与5G应用同步实施。做好5G应用及关键信息基础设施监督检查，提升5G应用安全水平。

30. 开展5G应用安全示范推广。鼓励各地方和企业打造5G应用安全创新示范中心，研发标准化、模块化、可复制、易推广的5G应用安全解决方案，开展5G网络安全技术应用试点示范和推广应用，推动最佳实践在工业、能源、交通、医疗等重点行业头部企业落地普及。在5G应用中推广使用商用密码，做好密码应用安全性评估。

31. 提升5G应用安全评测认证能力。支持与国际接轨的5G安全评测机构建设，构建5G应用与网络基础设施安全评价体系，开展5G应用与基础设施安全评测和能力认证。

32. 强化5G应用安全供给支撑服务。支持5G安全科技创新与核心技术转化，鼓励5G安全创新企业入驻国家网络安全产业园区。加强5G安全服务模式创新，推动5G安全技术合作和能力共享，鼓励跨行业、跨领域制定融合应用场景安全服务方案。加强5G网络安全威胁信息发现共享与协同处置。

专栏4：5G应用安全能力锻造工程
提升5G应用安全管理能力。完善5G应用安全标准体系，加强标准宣贯。支持有条件的企业和单位加强5G应用安全评估检测与认证能力建设，支持开展5G应用安全自评估和第三方评估。增强5G应用安全产品和服务供给。推动发展内生安全、零信任安全、动态隔离等关键安全产品，创新开展风险识别、态势感知、安全评测、网络身份信任管理等5G应用安全服务，提升基于服务的5G应用安全保障能力。推广普及5G应用安全解决方案。分场景、分业务形成原子化、细粒度的5G应用安全解决方案，支持相关企业打造一批5G应用安全创新示范中心，开展安全方案协同研发、展示推广、试验测试、人员培训等工作。支持有条件的地方和产业园区集中开展5G应用安全试点示范。多措并举加强5G应用安全解决方案推广普及。 到2023年底，打造10—20个5G应用安全创新示范中心，树立3—5个区域示范标杆，与5G应用发展相适应的安全保障体系基本形成。

五、保障措施

（一）强化统筹联动。加强部门协同和部省联动，做好标准、产业、建设、应用、政策等方面有机衔接。相关行业主管部门将5G应用作为行业发展规划、行动计划等重点方向，充分利用相关专项资金，持续引导行业企业加大投入力度，加快5G行业应用发展。鼓励各级地方政府围绕5G应用落地、生态构建、产业培育、网络建设等工作，积极出台并落实政策举措，促进5G融合应用加快落地。支持上下游企业深度耦合、紧密衔接，形成高效有机的合作模式。成立5G应用推广专家咨询委员会，对应用推广中的战略性、前瞻性问题进行指导和决策支撑。

（二）优化发展环境。加大政府采购支出向5G应用领域倾斜，率先在城市管理、教育、医疗、文化等公共服务领域推广5G应用，加大对5G应用样板项目、示范标杆的宣传力度。依托产融合作平台打造“5G＋金融”发展生态，以产融合作试点为载体开展5G应用场景创新的产融对接活动。完善5G应用创新企业服务体系，加大对中小企业扶持力度，鼓励更多市场主体进入5G应用创新创业领域。有序引导各类社会资本建立5G应用投资基金，加大对5G重点行业应用和关键产业环节投资。鼓励支持符合条件的5G应用创新企业在科创板、创业板上市融资，拓宽企业融资渠道。坚持包容审慎监管原则，加强协同监管，加快自动驾驶、远程医疗等重点领域5G应用相关法律法规研究，探索监管新模式。

（三）培育人才队伍。厚植5G人才培育基础，支持高等院校、科研院所与企业联合精准培养，鼓励企业与高等院校、科研院所共建实验室、实训基地、专业研究院或交叉研究中心，加强共享型工程实习基地建设。推进5G相关专业升级与数字化改造，实施好5G相关领域“1＋X”证书制度试点，开展安全技术技能大赛、组织5G相关职业培训和认证，丰富5G人才挖掘和选拔渠道，培育一批既懂5G通信技术又具备行业专业知识的复合型人才。面向公众开展5G知识科普，提升全民数字技能。

（四）推动国际合作。支持建设5G应用海外推广渠道和服务平台，推动成熟5G应用走出去。发挥国际组织协调作用，鼓励企业参与5G国际标准化组织的工作。鼓励国内企业加强海外5G应用合作，为“一带一路”沿线等国家或地区提供更为优质产品和服务，打造国际合作新平台。

（五）做好监测评估。加强政策成效评估和动态调整，建立5G发展监测体系，构建全景化5G网络地图，常态化监测5G应用和产业进展，推动5G全面协同发展。

附件：5G应用发展主要指标

附件

5G应用发展主要指标

序号	指标	指标含义	指标值
1	5G个人用户普及率（%）	5G个人用户普及率＝5G移动电话用户数/全国人口数。其中，5G移动电话用户数是指使用5G网络的个人用户。	40
2	5G网络接入流量占比（%）	5G网络接入流量占移动互联网接入总流量的比例。	50
3	5G在大型工业企业渗透率（%）	在生产经营等环节中开展5G应用的大型工业企业数在我国大型工业企业总数中的占比。	35
4	5G物联网终端用户数年均增长率（%）	行业企业5G物联网终端用户数年均增长率。	200
5	每万人拥有5G基站数（个）	全国每一万人平均拥有的5G基站数量。	18
6	5G行业虚拟专网数（个）	利用5G公网为行业企业构建的5G虚拟网络数目。	3000
7	每重点行业5G应用标杆数（个）	每个重点行业遴选的5G应用标杆数量。	100

备注：

1. 大型工业企业是国家统计局依据中国有关工业企业规模划分标准所确定的大型规模工业企业。

2. 5G物联网终端用户数按SIM卡统计。

6　公平竞争

6.1

中华人民共和国反垄断法

（2007 年 8 月 30 日第十届全国人民代表大会常务委员会第二十九次会议通过　根据 2022 年 6 月 24 日第十三届全国人民代表大会常务委员会第三十五次会议《关于修改〈中华人民共和国反垄断法〉的决定》修正）

目　　录

第一章　总　　则

第一条　为了预防和制止垄断行为，保护市场公平竞争，鼓励创新，提高经济运行效率，维护消费者利益和社会公共利益，促进社会主义市场经济健康发展，制定本法。

第二条 中华人民共和国境内经济活动中的垄断行为，适用本法；中华人民共和国境外的垄断行为，对境内市场竞争产生排除、限制影响的，适用本法。

第三条 本法规定的垄断行为包括：

（一）经营者达成垄断协议；

（二）经营者滥用市场支配地位；

（三）具有或者可能具有排除、限制竞争效果的经营者集中。

第四条 反垄断工作坚持中国共产党的领导。

国家坚持市场化、法治化原则，强化竞争政策基础地位，制定和实施与社会主义市场经济相适应的竞争规则，完善宏观调控，健全统一、开放、竞争、有序的市场体系。

第五条 国家建立健全公平竞争审查制度。

行政机关和法律、法规授权的具有管理公共事务职能的组织在制定涉及市场主体经济活动的规定时，应当进行公平竞争审查。

第六条 经营者可以通过公平竞争、自愿联合，依法实施集中，扩大经营规模，提高市场竞争能力。

第七条 具有市场支配地位的经营者，不得滥用市场支配地位，排除、限制竞争。

第八条 国有经济占控制地位的关系国民经济命脉和国家安全的行业以及依法实行专营专卖的行业，国家对其经营者的合法经营活动予以保护，并对经营者的经营行为及其商品和服务的价格依法实施监管和调控，维护消费者利益，促进技术进步。

前款规定行业的经营者应当依法经营，诚实守信，严格自律，接受社会公众的监督，不得利用其控制地位或者专营专卖地位损害消费者利益。

第九条 经营者不得利用数据和算法、技术、资本优势以及平台规则等从事本法禁止的垄断行为。

第十条 行政机关和法律、法规授权的具有管理公共事务职能的组织不得滥用行政权力，排除、限制竞争。

第十一条 国家健全完善反垄断规则制度，强化反垄断监管力量，提高监管能力和监管体系现代化水平，加强反垄断执法司法，依法公正高效审理垄断案件，健全行政执法和司法衔接机制，维护公平竞争秩序。

第十二条 国务院设立反垄断委员会，负责组织、协调、指导反垄断工作，履行下列职责：

（一）研究拟订有关竞争政策；

（二）组织调查、评估市场总体竞争状况，发布评估报告；

（三）制定、发布反垄断指南；

（四）协调反垄断行政执法工作；

（五）国务院规定的其他职责。

国务院反垄断委员会的组成和工作规则由国务院规定。

第十三条 国务院反垄断执法机构负责反垄断统一执法工作。

国务院反垄断执法机构根据工作需要，可以授权省、自治区、直辖市人民政府相应的机构，依照本法规定负责有关反垄断执法工作。

第十四条 行业协会应当加强行业自律，引导本行业的经营者依法竞争，合规经营，维护市场竞争秩序。

第十五条 本法所称经营者，是指从事商品生产、经营或者提供服务的自然人、法人和非法人组织。

本法所称相关市场，是指经营者在一定时期内就特定商品或者服务（以下统称商品）进行竞争的商品范围和地域范围。

第二章 垄断协议

第十六条 本法所称垄断协议，是指排除、限制竞争的协议、决定或者其他协同行为。

第十七条 禁止具有竞争关系的经营者达成下列垄断协议：

（一）固定或者变更商品价格；

（二）限制商品的生产数量或者销售数量；

（三）分割销售市场或者原材料采购市场；

（四）限制购买新技术、新设备或者限制开发新技术、新产品；

（五）联合抵制交易；

（六）国务院反垄断执法机构认定的其他垄断协议。

第十八条 禁止经营者与交易相对人达成下列垄断协议：

（一）固定向第三人转售商品的价格；

（二）限定向第三人转售商品的最低价格；

（三）国务院反垄断执法机构认定的其他垄断协议。

对前款第一项和第二项规定的协议，经营者能够证明其不具有排除、限制竞争效果的，不予禁止。

经营者能够证明其在相关市场的市场份额低于国务院反垄断执法机构规定的标准，并符合国务院反垄断执法机构规定的其他条件的，不予禁止。

第十九条 经营者不得组织其他经营者达成垄断协议或者为其他经营者达成垄断协议提供实质性帮助。

第二十条　经营者能够证明所达成的协议属于下列情形之一的，不适用本法第十七条、第十八条第一款、第十九条的规定：

（一）为改进技术、研究开发新产品的；

（二）为提高产品质量、降低成本、增进效率，统一产品规格、标准或者实行专业化分工的；

（三）为提高中小经营者经营效率，增强中小经营者竞争力的；

（四）为实现节约能源、保护环境、救灾救助等社会公共利益的；

（五）因经济不景气，为缓解销售量严重下降或者生产明显过剩的；

（六）为保障对外贸易和对外经济合作中的正当利益的；

（七）法律和国务院规定的其他情形。

属于前款第一项至第五项情形，不适用本法第十七条、第十八条第一款、第十九条规定的，经营者还应当证明所达成的协议不会严重限制相关市场的竞争，并且能够使消费者分享由此产生的利益。

第二十一条　行业协会不得组织本行业的经营者从事本章禁止的垄断行为。

第三章　滥用市场支配地位

第二十二条　禁止具有市场支配地位的经营者从事下列滥用市场支配地位的行为：

（一）以不公平的高价销售商品或者以不公平的低价购买商品；

（二）没有正当理由，以低于成本的价格销售商品；

（三）没有正当理由，拒绝与交易相对人进行交易；

（四）没有正当理由，限定交易相对人只能与其进行交易或者只能与其指定的经营者进行交易；

（五）没有正当理由搭售商品，或者在交易时附加其他不合理的交易条件；

（六）没有正当理由，对条件相同的交易相对人在交易价格等交易条件上实行差别待遇；

（七）国务院反垄断执法机构认定的其他滥用市场支配地位的行为。

具有市场支配地位的经营者不得利用数据和算法、技术以及平台规则等从事前款规定的滥用市场支配地位的行为。

本法所称市场支配地位，是指经营者在相关市场内具有能够控制商品价格、数量或者其他交易条件，或者能够阻碍、影响其他经营者进入相关市场能力的市场地位。

第二十三条 认定经营者具有市场支配地位，应当依据下列因素：

（一）该经营者在相关市场的市场份额，以及相关市场的竞争状况；

（二）该经营者控制销售市场或者原材料采购市场的能力；

（三）该经营者的财力和技术条件；

（四）其他经营者对该经营者在交易上的依赖程度；

（五）其他经营者进入相关市场的难易程度；

（六）与认定该经营者市场支配地位有关的其他因素。

第二十四条 有下列情形之一的，可以推定经营者具有市场支配地位：

（一）一个经营者在相关市场的市场份额达到二分之一的；

（二）两个经营者在相关市场的市场份额合计达到三分之

二的；

（三）三个经营者在相关市场的市场份额合计达到四分之三的。

有前款第二项、第三项规定的情形，其中有的经营者市场份额不足十分之一的，不应当推定该经营者具有市场支配地位。

被推定具有市场支配地位的经营者，有证据证明不具有市场支配地位的，不应当认定其具有市场支配地位。

第四章　经营者集中

第二十五条　经营者集中是指下列情形：

（一）经营者合并；

（二）经营者通过取得股权或者资产的方式取得对其他经营者的控制权；

（三）经营者通过合同等方式取得对其他经营者的控制权或者能够对其他经营者施加决定性影响。

第二十六条　经营者集中达到国务院规定的申报标准的，经营者应当事先向国务院反垄断执法机构申报，未申报的不得实施集中。

经营者集中未达到国务院规定的申报标准，但有证据证明该经营者集中具有或者可能具有排除、限制竞争效果的，国务院反垄断执法机构可以要求经营者申报。

经营者未依照前两款规定进行申报的，国务院反垄断执法机构应当依法进行调查。

第二十七条　经营者集中有下列情形之一的，可以不向国务院反垄断执法机构申报：

（一）参与集中的一个经营者拥有其他每个经营者百分之

五十以上有表决权的股份或者资产的；

（二）参与集中的每个经营者百分之五十以上有表决权的股份或者资产被同一个未参与集中的经营者拥有的。

第二十八条 经营者向国务院反垄断执法机构申报集中，应当提交下列文件、资料：

（一）申报书；

（二）集中对相关市场竞争状况影响的说明；

（三）集中协议；

（四）参与集中的经营者经会计师事务所审计的上一会计年度财务会计报告；

（五）国务院反垄断执法机构规定的其他文件、资料。

申报书应当载明参与集中的经营者的名称、住所、经营范围、预定实施集中的日期和国务院反垄断执法机构规定的其他事项。

第二十九条 经营者提交的文件、资料不完备的，应当在国务院反垄断执法机构规定的期限内补交文件、资料。经营者逾期未补交文件、资料的，视为未申报。

第三十条 国务院反垄断执法机构应当自收到经营者提交的符合本法第二十八条规定的文件、资料之日起三十日内，对申报的经营者集中进行初步审查，作出是否实施进一步审查的决定，并书面通知经营者。国务院反垄断执法机构作出决定前，经营者不得实施集中。

国务院反垄断执法机构作出不实施进一步审查的决定或者逾期未作出决定的，经营者可以实施集中。

第三十一条 国务院反垄断执法机构决定实施进一步审查的，应当自决定之日起九十日内审查完毕，作出是否禁止经营者集中的决定，并书面通知经营者。作出禁止经营者集中的决定，应当说明理由。审查期间，经营者不得实施集中。

有下列情形之一的，国务院反垄断执法机构经书面通知经营者，可以延长前款规定的审查期限，但最长不得超过六十日：

（一）经营者同意延长审查期限的；

（二）经营者提交的文件、资料不准确，需要进一步核实的；

（三）经营者申报后有关情况发生重大变化的。

国务院反垄断执法机构逾期未作出决定的，经营者可以实施集中。

第三十二条 有下列情形之一的，国务院反垄断执法机构可以决定中止计算经营者集中的审查期限，并书面通知经营者：

（一）经营者未按照规定提交文件、资料，导致审查工作无法进行；

（二）出现对经营者集中审查具有重大影响的新情况、新事实，不经核实将导致审查工作无法进行；

（三）需要对经营者集中附加的限制性条件进一步评估，且经营者提出中止请求。

自中止计算审查期限的情形消除之日起，审查期限继续计算，国务院反垄断执法机构应当书面通知经营者。

第三十三条 审查经营者集中，应当考虑下列因素：

（一）参与集中的经营者在相关市场的市场份额及其对市场的控制力；

（二）相关市场的市场集中度；

（三）经营者集中对市场进入、技术进步的影响；

（四）经营者集中对消费者和其他有关经营者的影响；

（五）经营者集中对国民经济发展的影响；

（六）国务院反垄断执法机构认为应当考虑的影响市场竞争的其他因素。

第三十四条 经营者集中具有或者可能具有排除、限制竞争效果的，国务院反垄断执法机构应当作出禁止经营者集中的决定。但是，经营者能够证明该集中对竞争产生的有利影响明显大于不利影响，或者符合社会公共利益的，国务院反垄断执法机构可以作出对经营者集中不予禁止的决定。

第三十五条 对不予禁止的经营者集中，国务院反垄断执法机构可以决定附加减少集中对竞争产生不利影响的限制性条件。

第三十六条 国务院反垄断执法机构应当将禁止经营者集中的决定或者对经营者集中附加限制性条件的决定，及时向社会公布。

第三十七条 国务院反垄断执法机构应当健全经营者集中分类分级审查制度，依法加强对涉及国计民生等重要领域的经营者集中的审查，提高审查质量和效率。

第三十八条 对外资并购境内企业或者以其他方式参与经营者集中，涉及国家安全的，除依照本法规定进行经营者集中审查外，还应当按照国家有关规定进行国家安全审查。

第五章 滥用行政权力排除、限制竞争

第三十九条 行政机关和法律、法规授权的具有管理公共事务职能的组织不得滥用行政权力，限定或者变相限定单位或者个人经营、购买、使用其指定的经营者提供的商品。

第四十条 行政机关和法律、法规授权的具有管理公共事务职能的组织不得滥用行政权力，通过与经营者签订合作协

议、备忘录等方式，妨碍其他经营者进入相关市场或者对其他经营者实行不平等待遇，排除、限制竞争。

第四十一条 行政机关和法律、法规授权的具有管理公共事务职能的组织不得滥用行政权力，实施下列行为，妨碍商品在地区之间的自由流通：

（一）对外地商品设定歧视性收费项目、实行歧视性收费标准，或者规定歧视性价格；

（二）对外地商品规定与本地同类商品不同的技术要求、检验标准，或者对外地商品采取重复检验、重复认证等歧视性技术措施，限制外地商品进入本地市场；

（三）采取专门针对外地商品的行政许可，限制外地商品进入本地市场；

（四）设置关卡或者采取其他手段，阻碍外地商品进入或者本地商品运出；

（五）妨碍商品在地区之间自由流通的其他行为。

第四十二条 行政机关和法律、法规授权的具有管理公共事务职能的组织不得滥用行政权力，以设定歧视性资质要求、评审标准或者不依法发布信息等方式，排斥或者限制经营者参加招标投标以及其他经营活动。

第四十三条 行政机关和法律、法规授权的具有管理公共事务职能的组织不得滥用行政权力，采取与本地经营者不平等待遇等方式，排斥、限制、强制或者变相强制外地经营者在本地投资或者设立分支机构。

第四十四条 行政机关和法律、法规授权的具有管理公共事务职能的组织不得滥用行政权力，强制或者变相强制经营者从事本法规定的垄断行为。

第四十五条 行政机关和法律、法规授权的具有管理公共事务职能的组织

事务职能的组织不得滥用行政权力，制定含有排除、限制竞争内容的规定。

第六章 对涉嫌垄断行为的调查

第四十六条 反垄断执法机构依法对涉嫌垄断行为进行调查。

对涉嫌垄断行为，任何单位和个人有权向反垄断执法机构举报。反垄断执法机构应当为举报人保密。

举报采用书面形式并提供相关事实和证据的，反垄断执法机构应当进行必要的调查。

第四十七条 反垄断执法机构调查涉嫌垄断行为，可以采取下列措施：

（一）进入被调查的经营者的营业场所或者其他有关场所进行检查；

（二）询问被调查的经营者、利害关系人或者其他有关单位或者个人，要求其说明有关情况；

（三）查阅、复制被调查的经营者、利害关系人或者其他有关单位或者个人的有关单证、协议、会计账簿、业务函电、电子数据等文件、资料；

（四）查封、扣押相关证据；

（五）查询经营者的银行账户。

采取前款规定的措施，应当向反垄断执法机构主要负责人书面报告，并经批准。

第四十八条 反垄断执法机构调查涉嫌垄断行为，执法人员不得少于二人，并应当出示执法证件。

执法人员进行询问和调查，应当制作笔录，并由被询问人或者被调查人签字。

第四十九条　反垄断执法机构及其工作人员对执法过程中知悉的商业秘密、个人隐私和个人信息依法负有保密义务。

第五十条　被调查的经营者、利害关系人或者其他有关单位或者个人应当配合反垄断执法机构依法履行职责，不得拒绝、阻碍反垄断执法机构的调查。

第五十一条　被调查的经营者、利害关系人有权陈述意见。反垄断执法机构应当对被调查的经营者、利害关系人提出的事实、理由和证据进行核实。

第五十二条　反垄断执法机构对涉嫌垄断行为调查核实后，认为构成垄断行为的，应当依法作出处理决定，并可以向社会公布。

第五十三条　对反垄断执法机构调查的涉嫌垄断行为，被调查的经营者承诺在反垄断执法机构认可的期限内采取具体措施消除该行为后果的，反垄断执法机构可以决定中止调查。中止调查的决定应当载明被调查的经营者承诺的具体内容。

反垄断执法机构决定中止调查的，应当对经营者履行承诺的情况进行监督。经营者履行承诺的，反垄断执法机构可以决定终止调查。

有下列情形之一的，反垄断执法机构应当恢复调查：

（一）经营者未履行承诺的；

（二）作出中止调查决定所依据的事实发生重大变化的；

（三）中止调查的决定是基于经营者提供的不完整或者不真实的信息作出的。

第五十四条　反垄断执法机构依法对涉嫌滥用行政权力排除、限制竞争的行为进行调查，有关单位或者个人应当配合。

第五十五条　经营者、行政机关和法律、法规授权的具有管理公共事务职能的组织，涉嫌违反本法规定的，反垄断执法机构可以对其法定代表人或者负责人进行约谈，要求其提出改进措施。

第七章　法律责任

第五十六条　经营者违反本法规定，达成并实施垄断协议的，由反垄断执法机构责令停止违法行为，没收违法所得，并处上一年度销售额百分之一以上百分之十以下的罚款，上一年度没有销售额的，处五百万元以下的罚款；尚未实施所达成的垄断协议的，可以处三百万元以下的罚款。经营者的法定代表人、主要负责人和直接责任人员对达成垄断协议负有个人责任的，可以处一百万元以下的罚款。

经营者组织其他经营者达成垄断协议或者为其他经营者达成垄断协议提供实质性帮助的，适用前款规定。

经营者主动向反垄断执法机构报告达成垄断协议的有关情况并提供重要证据的，反垄断执法机构可以酌情减轻或者免除对该经营者的处罚。

行业协会违反本法规定，组织本行业的经营者达成垄断协议的，由反垄断执法机构责令改正，可以处三百万元以下的罚款；情节严重的，社会团体登记管理机关可以依法撤销登记。

第五十七条　经营者违反本法规定，滥用市场支配地位的，由反垄断执法机构责令停止违法行为，没收违法所得，并处上一年度销售额百分之一以上百分之十以下的罚款。

第五十八条　经营者违反本法规定实施集中，且具有或者可能具有排除、限制竞争效果的，由国务院反垄断执法机构责令停止实施集中、限期处分股份或者资产、限期转让营业以及采取其他必要措施恢复到集中前的状态，处上一年度销售额百分之十以下的罚款；不具有排除、限制竞争效果的，处五百万元以下的罚款。

第五十九条 对本法第五十六条、第五十七条、第五十八条规定的罚款，反垄断执法机构确定具体罚款数额时，应当考虑违法行为的性质、程度、持续时间和消除违法行为后果的情况等因素。

第六十条 经营者实施垄断行为，给他人造成损失的，依法承担民事责任。

经营者实施垄断行为，损害社会公共利益的，设区的市级以上人民检察院可以依法向人民法院提起民事公益诉讼。

第六十一条 行政机关和法律、法规授权的具有管理公共事务职能的组织滥用行政权力，实施排除、限制竞争行为的，由上级机关责令改正；对直接负责的主管人员和其他直接责任人员依法给予处分。反垄断执法机构可以向有关上级机关提出依法处理的建议。行政机关和法律、法规授权的具有管理公共事务职能的组织应当将有关改正情况书面报告上级机关和反垄断执法机构。

法律、行政法规对行政机关和法律、法规授权的具有管理公共事务职能的组织滥用行政权力实施排除、限制竞争行为的处理另有规定的，依照其规定。

第六十二条 对反垄断执法机构依法实施的审查和调查，拒绝提供有关材料、信息，或者提供虚假材料、信息，或者隐匿、销毁、转移证据，或者有其他拒绝、阻碍调查行为的，由反垄断执法机构责令改正，对单位处上一年度销售额百分之一以下的罚款，上一年度没有销售额或者销售额难以计算的，处五百万元以下的罚款；对个人处五十万元以下的罚款。

第六十三条 违反本法规定，情节特别严重、影响特别恶劣、造成特别严重后果的，国务院反垄断执法机构可以在本法

第五十六条、第五十七条、第五十八条、第六十二条规定的罚款数额的二倍以上五倍以下确定具体罚款数额。

第六十四条 经营者因违反本法规定受到行政处罚的，按照国家有关规定记入信用记录，并向社会公示。

第六十五条 对反垄断执法机构依据本法第三十四条、第三十五条作出的决定不服的，可以先依法申请行政复议；对行政复议决定不服的，可以依法提起行政诉讼。

对反垄断执法机构作出的前款规定以外的决定不服的，可以依法申请行政复议或者提起行政诉讼。

第六十六条 反垄断执法机构工作人员滥用职权、玩忽职守、徇私舞弊或者泄露执法过程中知悉的商业秘密、个人隐私和个人信息的，依法给予处分。

第六十七条 违反本法规定，构成犯罪的，依法追究刑事责任。

第八章 附 则

第六十八条 经营者依照有关知识产权的法律、行政法规规定行使知识产权的行为，不适用本法；但是，经营者滥用知识产权，排除、限制竞争的行为，适用本法。

第六十九条 农业生产者及农村经济组织在农产品生产、加工、销售、运输、储存等经营活动中实施的联合或者协同行为，不适用本法。

第七十条 本法自 2008 年 8 月 1 日起施行。

6. 2

关于推动平台经济规范健康持续发展的若干意见

发改高技〔2021〕1872 号

各省、自治区、直辖市、新疆生产建设兵团有关部门：

平台经济是以互联网平台为主要载体，以数据为关键生产要素，以新一代信息技术为核心驱动力、以网络信息基础设施为重要支撑的新型经济形态。近年来我国平台经济快速发展，在经济社会发展全局中的地位和作用日益突显。要坚持以习近平新时代中国特色社会主义思想为指导，全面贯彻党的十九大和十九届历次全会精神，深入落实党中央、国务院决策部署，立足新发展阶段、贯彻新发展理念、构建新发展格局，推动高质量发展，从构筑国家竞争新优势的战略高度出发，坚持发展和规范并重，坚持“两个毫不动摇”，遵循市场规律，着眼长远、兼顾当前，补齐短板、强化弱项，适应平台经济发展规律，建立健全规则制度，优化平台经济发展环境。为进一步推动平台经济规范健康持续发展，现提出以下意见。

一、健全完善规则制度

（一）完善治理规则。

修订《反垄断法》，完善数据安全法、个人信息保护法配套规则。制定出台禁止网络不正当竞争行为的规定。细化平台企业数据处理规则。制定出台平台经济领域价格行为规则，推动行业有序健康发展。完善金融领域监管规则体系，坚持金融活动全部纳入金融监管，金融业务必须持牌经营。

（二）健全制度规范。

厘清平台责任边界，强化超大型互联网平台责任。建立平台合规管理制度，对平台合规形成有效的外部监督、评价体系。加大平台经济相关国家标准研制力度。建立互联网平台信息公示制度，增强平台经营透明度，强化信用约束和社会监督。建立健全平台经济公平竞争监管制度。完善跨境数据流动“分级分类＋负面清单”监管制度，探索制定互联网信息服务算法安全制度。

（三）推动协同治理。

强化部门协同，坚持“线上线下一体化监管”原则，负有监管职能的各行业主管部门在负责线下监管的同时，承担相应线上监管的职责，实现审批、主管与监管权责统一。推动各监管部门间抽查检验鉴定结果互认，避免重复抽查、检测，探索建立案件会商和联合执法、联合惩戒机制，实现事前事中事后全链条监管。推动行业自律，督促平台企业依法合规经营，鼓励行业协会牵头制定团体标准、行业自律公约。加强社会监督，探索公众和第三方专业机构共同参与的监督机制，推动提升平台企业合规经营情况的公开度和透明度。

二、提升监管能力和水平

（四）完善竞争监管执法。

对人民群众反映强烈的重点行业和领域，加强全链条竞争监管执法。依法查处平台经济领域垄断和不正当竞争等行为。

严格依法查处平台经济领域垄断协议、滥用市场支配地位和违法实施经营者集中行为。强化平台广告导向监管，对重点领域广告加强监管。重点规制以减配降质产品误导消费者、平台未对销售商品的市场准入资质资格实施审查等问题，对存在缺陷的消费品落实线上经营者产品召回相关义务。加大对出行领域平台企业非法营运行为的打击力度。强化平台企业涉税信息报送等税收协助义务，加强平台企业税收监管，依法查处虚开发票、逃税等涉税违法行为。强化对平台押金、预付费、保证金等费用的管理和监督。

（五）加强金融领域监管。

强化支付领域监管，断开支付工具与其他金融产品的不当连接，依法治理支付过程中的排他或“二选一”行为，对滥用非银行支付服务相关市场支配地位的行为加强监管，研究出台非银行支付机构条例。规范平台数据使用，从严监管征信业务，确保依法持牌合规经营。落实金融控股公司监管制度，严格审查股东资质，加强穿透式监管，强化全面风险管理和关联交易管理。严格规范平台企业投资入股金融机构和地方金融组织，督促平台企业及其控股、参股金融机构严格落实资本金和杠杆率要求。完善金融消费者保护机制，加强营销行为监管，确保披露信息真实、准确，不得劝诱超前消费。

（六）探索数据和算法安全监管。

切实贯彻收集、使用个人信息的合法、正当、必要原则，严厉打击平台企业超范围收集个人信息、超权限调用个人信息等违法行为。从严管控非必要采集数据行为，依法依规打击黑市数据交易、大数据杀熟等数据滥用行为。在严格保护算法等商业秘密的前提下，支持第三方机构开展算法评估，引导平台企业提升算法透明度与可解释性，促进算法公平。严肃查处利用算法进行信息内容造假、传播负面有害信息和低俗劣质内容、流量劫持以及虚假注册账号等违法违规行为。推动平台企业深入落实网络安全等级保护制度，探索开展数据安全风险态势监测通报，建立应急处置机制。国家机关在执法活动中应依法调取、使用个人信息，保护数据安全。

（七）改进提高监管技术和手段。

强化数字化监管支撑，建立违法线索线上发现、流转、调查处理等非接触式监管机制，提升监测预警、线上执法、信息公示等监管能力，支持条件成熟的地区开展数字化监管试点创新。加强和改进信用监管，强化平台经济领域严重违法失信名单管理。发挥行业协会作用，引导互联网企业间加强对严重违法失信名单等相关信用评价互通、互联、互认，推动平台企业对网络经营者违法行为实施联防联控。

三、优化发展环境

（八）降低平台经济参与者经营成本。

持续推进平台经济相关市场主体登记注册便利化、规范化，支持省级人民政府按照相关要求，统筹开展住所与经营场所分离登记试点。进一步清理和规范各地于法无据、擅自扩权的平台经济准入等规章制度。完善互联网市场准入禁止许可目录。引导平台企业合理确定支付结算、平台佣金等服务费用，给予优质小微商户一定的流量扶持。平台服务收费应质价相符、公平合理，应与平台内经营者平等协商、充分沟通，不得损害公平竞争秩序。

（九）建立有序开放的平台生态。

推动平台企业间合作，构建兼容开放的生态圈，激发平台企业活力，培育平台经济发展新动能。倡导公平竞争、包容发展、开放创新，平台应依法依规有序推进生态开放，按照统一规则公平对外提供服务，不得恶意不兼容，或设置不合理的程序要求。平台运营者不得利用数据、流量、技术、市场、资本优势，限制其他平台和应用独立运行。推动制定云平台间系统迁移和互联互通标准，加快业务和数据互联互通。

（十）加强新就业形态劳动者权益保障。

落实网约配送员、网约车驾驶员等新就业形态劳动者权益保障相关政策措施。完善新就业形态劳动者与平台企业、用工合作企业之间的劳动关系认定标准，探索明确不完全符合确立劳动关系情形的认定标准，合理确定企业与劳动者的权利义务。引导平台企业加强与新就业形态劳动者之间的协商，合理制定订单分配、计件单价、抽成比例等直接涉及劳动者权益的制度和算法规则，并公开发布，保证制度规则公开透明。健全最低工资和支付保障制度，保障新就业形态劳动者获得合理劳动报酬。开展平台灵活就业人员职业伤害保障试点，探索用工企业购买商业保险等机制。实施全民参保计划，促进新就业形态劳动者参加社会保险。加强对新就业形态劳动者的安全意识、法律意识培训。

四、增强创新发展能力

（十一）支持平台加强技术创新。

引导平台企业进一步发挥平台的市场和数据优势，积极开展科技创新，提升核心竞争力。鼓励平台企业不断提高研发投入强度，加快人工智能、云计算、区块链、操作系统、处理器等领域的技术研发突破。鼓励平台企业加快数字化绿色化融合技术创新研发和应用，助推构建零碳产业链和供应链。营造良好技术创新政策环境，进一步健全适应平台企业创新发展的知识产权保护制度。支持有实力的龙头企业或平台企业牵头组建创新联合体，围绕工业互联网底层架构、工业软件根技术、人工智能开放创新、公共算法集、区块链底层技术等领域，推进关键软件技术攻关。

（十二）提升全球化发展水平。

支持平台企业推动数字产品与服务“走出去”，增强国际化发展能力，提升国际竞争力。积极参与跨境数据流动、数字经济税收等相关国际规则制定，参与反垄断、反不正当竞争国际协调，充分发挥自由贸易试验区、自由贸易港先行先试作用，推动构建互利共赢的国际经贸规则，为平台企业国际化发展营造良好环境。培育知识产权、商事协调、法律顾问等专业化中介服务，试点探索便捷的司法协调、投资保护和救济机制，强化海外知识产权风险预警、维权援助、纠纷调解等工作机制，保护我国平台企业和经营者在海外的合法权益。鼓励平台企业发展跨境电商，积极推动海外仓建设，提升数字化、智能化、便利化水平，推动中小企业依托跨境电商平台拓展国际市场。积极推动境外经贸合作区建设，培育仓储、物流、支付、通关、结汇等跨境电商产业链和生态圈。

（十三）鼓励平台企业开展模式创新。

鼓励平台企业在依法依规前提下，充分利用技术、人才、资金、渠道、数据等方面优势，发挥创新引领的关键作用，推动“互联网+”向更大范围、更深层次、更高效率方向发展。鼓励基于平台的要素融合创新，加强行业数据采集、分析挖掘、综合利用，试点推进重点行业数据要素市场化进程，发挥数据要素对土地、劳动、资本等其他生产要素的放大、叠加、倍增作用。试点探索“所有权与使用权分离”的资源共享新模式，盘活云平台、开发工具、车间厂房等方面闲置资源，培育共享经济新业态。鼓励平台企业开展创新业务众包，更多向中小企业开放和共享资源。

五、赋能经济转型发展

（十四）赋能制造业转型升级。

支持平台企业依托市场、数据优势，赋能生产制造环节，发展按需生产、以销定产、个性化定制等新型制造模式。鼓励平台企业加强与行业龙头企业合作，提升企业一体化数字化生产运营能力，推进供应链数字化、智能化升级，带动传统行业整体数字化转型。探索推动平台企业与产业集群合作，补齐区域产业转型发展短板，推动提升区域产业竞争力。引导平台企业积极参与工业互联网创新发展工程，开展关键技术攻关、公共平台培育，推动构建多层次、系统化的工业互联网平台体系。深入实施普惠性“上云用数赋智”行动，支持中小企业从数据上云逐步向管理上云、业务上云升级。实施中小企业数字化赋能专项行动，鼓励推广传统产业数字化、绿色化、智能化优秀实践。

（十五）推动农业数字化转型。

鼓励平台企业创新发展智慧农业，推动种植业、畜牧业、渔业等领域数字化，提升农业生产、加工、销售、物流等产业链各环节数字化水平，健全农产品质量追溯体系，以品牌化、可追溯化助力实现农产品优质优价。规范平台企业农产品和农资交易行为，采购、销售的农产品、农兽药残留不得超标，不采购、销售质量不合格农资，切实保障产品质量安全，支持有机认证农产品采购、销售。引导平台企业在农村布局，加快农村电子商务发展，推进“互联网＋”农产品出村进城。进一步引导平台经济赋能“三农”发展，加快推动农村信用信息体系建设，以数字化手段创新金融支持农业农村方式，培育全面推进乡村振兴新动能。

（十六）提升平台消费创造能力。

鼓励平台企业拓展“互联网+”消费场景，提供高质量产品和服务，促进智能家居、虚拟现实、超高清视频终端等智能产品普及应用，发展智能导购、智能补货、虚拟化体验等新兴零售方式，推动远程医疗、网上办公、知识分享等应用。引导平台企业开展品牌消费、品质消费等网上促销活动，培育消费新增长点。鼓励平台企业助力优化公共服务，提升医疗、社保、就业等服务领域的普惠化、便捷化、个性化水平。鼓励平台企业提供无障碍服务，增强老年人、残疾人等特殊群体享受智能化产品和服务的便捷性。引导平台企业开展数字帮扶，促进数字技术和数字素养提升。

六、保障措施

（十七）加强统筹协调。

充分依托已有机制，强化部门协同、央地联动，加强对平台经济领域重大问题的协同研判。加强监管行动、政策的统筹协调，充分听取各方意见，尤其是行政相对人意见，避免影响、中断平台企业正常经营活动，防范政策叠加导致非预期风险。强化中央统筹、省负总责、地方落实属地管理责任，坚持责任划分、评估考评与追责问责有机统一。

（十八）强化政策保障。

鼓励创业投资、股权投资（基金）等加大投入科技创新领域，支持企业科技创新。鼓励依托各类高等学校、职业院校和研究机构加强对数字经济高端人才、实用人才的培养。加强全民数字技能教育和培训。各地要积极推进平台经济发展，健全推进平台经济发展的政策体系，及时研究解决平台经济发展中的重大问题。

（十九）开展试点探索。

依托国家数字经济创新发展试验区、全面创新改革试验区、国家智能社会治理实验基地、全国网络市场监管与服务示范区、国家电子商务示范基地、自由贸易试验区、自由贸易港等，探索建立适应平台经济发展的监管模式，构建与平台经济创新发展相适应的制度环境。

国家发展改革委
市场监管总局
中央网信办
工业和信息化部
人力资源社会保障部
农业农村部
商务部
人民银行
税务总局
2021 年 12 月 24 日

7　产能布局

水泥熟料生产线清单

1.北京

2.天津

3.河北

4.山西

5.内蒙古

6.辽宁

7.吉林

8.黑龙江

9.江苏

10.浙江

11.安徽

12.福建

13.江西

14.山东

15.河南

16.湖北

17.湖南

18.广东

19.广西

20.海南

21.重庆

22.四川

23.贵州

24.云南

25.西藏

26.陕西

27.甘肃

28.青海

29.宁夏

30.新疆